Meu livro de meditação

José Bortolini

Meu livro de meditação

Um tema para cada dia do ano

Dados Internacionais de Catalogação na Publicação (CIP)
(Câmara Brasileira do Livro, SP, Brasil)

Bortolini, José
   Meu livro de meditação : um tema para cada dia do ano / José Bortolini – 7. ed. – São Paulo : Paulinas, 2015.

   Bibliografia.
   ISBN 978-85-356-4033-5

   1. Espiritualidade 2. Meditações 3. Vida espiritual I. Título.

15-09532   CDD-242.2

Índices para catálogo sistemático:
1. Meditações para uso diário : Cristianismo   242.2
2. Textos espirituais e meditações para uso diário : Cristianismo   242.2

Direção-geral: Flávia Reginatto
Editora responsável: Celina H. Weschenfelder
Auxiliar de edição: Márcia Nunes
Coordenação de revisão: Andréia Schweitzer
Revisão: Leonilda Menossi e Ana Cecilia Mari
Direção de arte: Irma Cipriani
Gerente de produção: Felício Calegaro Neto
Projeto gráfico e Editoração: Manuel Rebelato Miramontes

7ª edição – 2016
2ª reimpressão – 2024

Nenhuma parte desta obra poderá ser reproduzida
ou transmitida por qualquer forma e/ou quaisquer meios
(eletrônico ou mecânico, incluindo fotocópia e gravação)
ou arquivada em qualquer sistema ou banco de dados
sem permissão escrita da Editora. Direitos reservados.

Paulinas
Rua Dona Inácia Uchoa, 62
04110-020 – São Paulo – SP (Brasil)
Tel.: (11) 2125-3500
http://www.paulinas.com.br – editora@paulinas.com.br
Telemarketing e SAC: 0800-7010081

© Pia Sociedade Filhas de São Paulo – São Paulo, 2006

Introdução

Meditar faz bem. Como o alimento, o ar, o banho e o sono para o corpo, assim é a meditação para o espírito, para o ser inteiro. Quem não medita cedo ou tarde se arrebenta ou arrebenta os outros, tendo a seguir a dolorosa tarefa de juntar os próprios cacos. A meditação é o mais simples e rápido caminho para encontrar a si mesmo e ter equilíbrio, saúde e harmonia. O sucesso de uma pessoa depende tanto do trabalho quanto da capacidade de meditar, essa arte difícil de praticar por ser considerada supérflua.

Neste livro você encontrará 366 temas de meditação – um para cada dia do ano. Você pode começar em qualquer data, seguir o calendário ou simplesmente escolher a gosto, pelo índice, os temas que lhe parecerem mais interessantes.

Esforcei-me para desenvolver temáticas positivas, mais atraentes que as negativas. Com essa escolha você pode prever meus objetivos: ajudar a meditar positivamente sobre temas do cotidiano estressante. Não são primeiramente temas religiosos, mas valores humanos. Evitei repetir temas (pelo menos nos títulos), mas muitos deles se entrelaçam e completam.

Servi-me de muitas fábulas, histórias, provérbios brasileiros e estrangeiros (judaicos, chineses, árabes, japoneses, italianos etc.) e provérbios tirados da Bíblia. Às vezes aparece um personagem contador de histórias, fatos ou sentenças – Zezinho. Privilegiei a Bíblia e, dentro dela, sobretudo o mestre Jesus e seu maior intérprete, o apóstolo Paulo. Outros personagens bíblicos aparecem com menor freqüência.

Os temas têm aproximadamente o mesmo tamanho. Isso significa que às vezes você encontrará um texto bastante denso, com pensamentos não desenvolvidos, simplesmente como chute inicial para meditação. Você demorará cerca de um minuto para ler cada tema, mas eles pretendem ser como o perfume que você coloca de manhã e se conserva por todo o dia.

Boa meditação.

Quem sou?

Pergunta difícil de responder, talvez a mais difícil. Pouco ou nada ajudam nessa tarefa os documentos pessoais de identificação, os títulos acadêmicos, as polpudas contas bancárias, os carros importados na garagem etc.

As surpreendentes reações diante de fatos novos nos levam a reconhecer: "Eu não me conheço". E ninguém deveria ter tanta certeza ao afirmar: "Eu me conheço muito bem". A antropologia, a sociologia, a psicologia e outras ciências humanas reconhecem que o ser humano é um mistério.

Em vez de superficialmente dizer que sabemos quem somos, é melhor tomarmo-nos nas mãos para nos conhecer mais e melhor. "Quem sou?" é uma pergunta insondável talvez por termos dentro de nós uma centelha do indecifrável Deus, que nos colocou no mundo como seres inacabados que vão se descobrindo e se fazendo à medida que avançam para além da própria morte.

1º de janeiro

Conhecer-se

2 de janeiro

Conhecer-se é uma tarefa interminável. Já um dos mais antigos filósofos gregos lançava o desafio: "Conhece-te a ti mesmo". Em termos de religião, há um caminho seguro para alcançar esse objetivo: entregar-se ao mestre Jesus. Ele veio ao mundo para revelar às pessoas quem é Deus e, ao mesmo tempo, para revelar o ser humano a si próprio. Em outras palavras, se queremos conhecer-nos em profundidade, procuremos conhecer Jesus, pois ele nos dirá como somos, quem somos e para que viemos a este mundo.

O evangelho de João diz que o mestre Jesus não precisa que lhe digamos nada acerca das pessoas, pois ele conhece o ser humano por dentro. Agostinho de Hipona, que se debruçou sobre o ser humano para conhecê-lo melhor, afirmou que Deus e Jesus habitam o mais íntimo de cada um.

SENDO ASSIM,
PODEMOS PEDIR A JESUS COM CONFIANÇA:
"REVELA-ME A MIM MESMO".

O que procuramos?

O apóstolo Paulo tinha receio de ter lutado ou corrido sem saber por qual motivo. Às vezes, para espraiar, precisamos andar a esmo, sem muito pensar, simplesmente divagando. Mas quando está em jogo o sentido da própria vida, as coisas mudam.

No evangelho de João, as primeiras palavras pronunciadas pelo mestre Jesus são um permanente desafio. Dois discípulos vão atrás dele, e Jesus se volta perguntando: "O que vocês estão procurando?". Ele nos provoca acerca de nossa busca fundamental, de nossa sede vital.

Enquanto não soubermos o que estamos procurando na vida, provavelmente a vida não terá muito sentido, e estaremos andando a esmo, sem rumo. A esfinge, na mitologia, desafiava as pessoas: "Decifra-me ou te devoro". As primeiras palavras de Jesus parecem nos dizer: "Descobre-me e eu te preencho".

Pessoa sábia e feliz é a que descobriu
o próprio caminho
e o percorre com sentido.

Partir

4 de janeiro

Partir é em parte morrer e em parte ressuscitar. Não é apenas partir em sentido material, mas num sentido mais amplo, ou seja, aventurar-se na vida. Sair do útero materno é o começo desse partir. Não querer fazê-lo, pensando desfrutar do quente e aconchegante útero materno, pode acarretar a morte física ou a dos ideais.

Na Bíblia, o pai de Israel, Abraão, inicia a grande epopéia da partida. Ele desejava duas coisas básicas: terra para morar e um descendente para continuar-lhe o nome. Deus promete realizar-lhe os desejos se Abraão se dispuser a partir. Nesse caso não funciona o dito: "Se ficar o bicho pega, se correr...".

A vida parece ser um contínuo partir, uma longa viagem. No evangelho de Lucas, Jesus parte para uma longa viagem, síntese da própria vida. Aprendamos com os passarinhos: quando descobrem o poder que as asas têm de sustentá-los no ar, partem para a aventura de viver.

Travessia

Travessia é um tema vital. Quando disseram a Napoleão que os Alpes eram uma barreira intransponível, declarou: "Abaixo os Alpes". Quem estudou História certamente se recorda do sentido de "atravessar o Rubicão".

O povo de Deus se torna realmente livre e organizado após a travessia do mar Vermelho, dando à travessia o *status* de passagem para a vida. Na vida, celebramos vários ritos de passagem e, com eles, atravessamos da infância à adolescência, desta para a juventude, daí para a maturidade.

Para quem crê, o mestre Jesus é o protagonista da maior e insuperável travessia: a passagem da morte para a vida. Ele nos conduziu consigo nessa passagem, e nos conduzirá quando chegar nossa páscoa definitiva, o momento de passar, como ele, deste mundo para o Pai.

A VIDA É FEITA DE TRAVESSIAS.
É SABEDORIA RECONHECER
E ACEITAR O MOMENTO DE DEIXAR O PORTO,
SOLTAR AS VELAS E ATRAVESSAR.

5 de janeiro

Saber o porquê

6 de janeiro

Zezinho contava que, quando criança, conheceu um fato curioso. Não importa se é verdadeiro ou não. Ele falava de um homem, numa estação rodoviária do interior, encarregado de bater com martelo nos pneus dos ônibus que chegavam. Intrigado com essa estranha profissão, um senhor perguntou-lhe por que fazia isso. O homem coçou a cabeça, gaguejou e respondeu: "Não sei, não. Me mandaram fazer isso e eu faço". Ele nunca faltara ao compromisso de martelar os pneus dos ônibus, mas sempre o fizera sem saber o porquê.

Saber o motivo confere sentido ao que fazemos, e acabamos fazendo as coisas com mais gosto e responsabilidade. Se esse senhor soubesse que se martelam os pneus para sentir se estão calibrados e aptos para a viagem, certamente faria isso com sentido. Ele se sentiria responsável pela vida dos passageiros, evitando possíveis acidentes nas estradas.

Perdoar faz bem

Certamente já experimentamos como é gostoso sentir-se perdoado – por Deus, pelas pessoas que amamos –, mas talvez não tenhamos ainda feito uma experiência que nos preenche totalmente: a de perdoar. Há pessoas pensando que o perdão seja um favor que fazemos aos outros. A verdade, porém, é mais profunda. Quando perdoamos uma ofensa, estamos fazendo um grande favor a nós mesmos. Mais ainda: estamos nos presenteando com o mais precioso presente – um tesouro que possuímos por dentro.

Presenteie você mesmo, perdoando quem o ofendeu. E, se conseguir, retribua a ofensa com o bem, rezando por quem o feriu. Os outros gostarão de estar perto de você. Você se tornará pessoa sábia, portadora daquela sabedoria que nos aproxima de Deus e o faz habitar dentro de nós. Foi o mestre Jesus a dizê-lo:

> SEU CORPO REAGIRÁ POSITIVAMENTE,
> E VOCÊ SERÁ UMA PESSOA LUMINOSA.

Grandeza do pequeno

8 de janeiro

Conta-se a história de um galo arrogante que se considerava o mais importante ser da criação. A cada aurora estufava o peito e cantava forte, pois acreditava que seu canto despertasse o sol, fazendo-o surgir no horizonte. Certa madrugada, porém, perdeu a hora e, sem cantar, o sol nasceu radiante. Sua soberba arrogância levou um golpe fatal. Foi cruel e doloroso descobrir que o sol nasce mesmo que ele não cante. E mais difícil ainda foi mudar o porquê do seu cantar: não mais para despertar o sol, mas para saudar a nova aurora que surgia.

Em vez de ser como o galo, é preferível ser como as florzinhas silvestres, que florescem sem grandes expectativas, florescem simplesmente pelo prazer de florescer. Há pequenos que são grandiosos, e pessoas grandes que na verdade são mesquinhas e pequenas. Os primeiros constroem um mundo de paz; os segundos geram grandes conflitos para si e para os outros.

Limites

A geração do "é proibido proibir" chegou à idade madura considerando-se onipotente, sem fronteiras nem limites. E provocou na sociedade os maiores estragos, pois liberdade humana é sempre liberdade relacional; em outras palavras, é como se diz: "Minha liberdade termina quando começa a de meu próximo". Sentir-se ou julgar-se onipotente desfigura o ser humano, que a cada instante tem de lidar com limites. Até os mais bem treinados atletas deparam com limites.

Considerar-se pessoa limitada não é desmerecer-se como ser humano. Aliás, quem se aceita com suas limitações abre a porta para aquilo que as religiões chamam de graça. De fato, se nosso ser está inflado ao máximo, que espaço resta para Deus entrar com sua graça? Jesus disse que a cada dia basta a sua própria preocupação. E nós poderíamos acrescentar:

9 de janeiro

> A CADA DIA E A CADA ETAPA DA VIDA,
> TEMOS DE LIDAR, SERENAMENTE,
> COM NOSSOS LIMITES.

Olhar bom

10 de janeiro

Quase tudo na vida depende do modo como olhamos as coisas. Se meu olhar é bom, o mundo me porá diante dos olhos centenas e milhares de coisas boas. Se tenho um olhar mesquinho, todas as coisas terão a medida da minha mesquinhez. Queixo-me do calor, do frio, da chuva. Não percebo que sem chuva tudo seca e morre. Por que dizer que, quando chove, o tempo está ruim?

Meu olhar determina. Se entre duas cidades corre um rio, alguém poderá dizer que o rio separa as duas cidades. Mas outros poderão afirmar que ele as une. Depende do modo como vemos as coisas. O apóstolo Paulo, no primeiro século, dizia que tudo é puro para quem é puro – para quem tem olhar puro, poderemos acrescentar. A tentação de olhar as coisas com perspectivas negativas é mais espontânea que olhar o mundo e as coisas com bons olhos. Todavia:

Como faz bem
estar com quem só vê o bem.

O mais gostoso

Nossa geração tem, em muitos casos, esta peculiaridade: é a geração do pai ausente. Aumenta o número de famílias em que temos somente a mãe (menos numerosas as que têm somente o pai). O fenômeno do pai ausente não deixa de acarretar conseqüências, às vezes traumatizantes, para a família, sobretudo para as crianças.

Pai ausente não é só aquele que fugiu de casa. É também aquele que divide o mesmo teto com esposa e filhos, mas nunca tem tempo para ela e para eles. Compensa às vezes sua "ausência" com muitos presentes e com a desculpa de que em casa nada falta.

Talvez fosse interessante perguntar às crianças – e neste caso elas não costumam mentir – para saber o que é mais importante: uma enxurrada de presentes ou o colinho gostoso e aconchegante do papai que, mesmo cansado do trabalho e estressado pela vida agitada que levamos, não esgotou a fonte do carinho e afeto.

11 de janeiro

Solidão fecunda

12 de janeiro

Com o surgimento das encubadeiras, quase perdemos de vista a paciência com que a choca espera sua ninhada. Por três semanas, a matrona se instala cuidadosamente sobre os ovos. Dificilmente sai do ninho para se alimentar, perde peso por causa disso, vivendo três semanas de inteira solidão. Mas é uma solidão fecunda, que vale a pena cultivar, não por causa do "melhor sozinho...".

Há pessoas que têm pavor da solidão, esquecendo que ela pode ser muito fecunda. Não se trata de ser misantropo, mas de acreditar que há momentos de solidão mais fecunda do que a presença de milhares de pessoas em torno da gente. Que o digam os grandes gênios das artes – escritores, pintores, escultores, músicos... Faz muito bem criar momentos de encontro consigo mesmo, descendo para as profundezas da própria alma para encontrar o sentido da vida.

Não tenha medo da solidão.
Ela pode surpreender você.

Silêncio

Quando nos afastamos um pouco de uma grande cidade e há silêncio ao nosso redor, podemos escutar ao longe o barulho da cidade. Às vezes o silêncio é tão intenso que chegamos a estranhar, como se fosse ele a ferir nossos ouvidos. Aviões, carros, indústrias, casas noturnas e uma parafernália imensa dão a impressão de que tudo está bem. A situação se agrava quando esse barulho externo viaja para dentro da gente, e então precisamos de muitos decibéis para sufocar o silêncio.

É praticamente impossível viver numa grande cidade sem barulho. Mas é trágico quando, dentro da gente, o barulho tomou conta de tudo, expulsando o silêncio que nos poderia salvar em situações tensas. Quem não consegue fazer silêncio dentro de si e escutá-lo, cedo ou tarde acaba se arrebentando e, muitas vezes, arrebenta também a vida dos outros.

O SILÊNCIO É OURO,
SOBRETUDO QUANDO BROTA DE DENTRO.
CULTIVE-O SEMPRE.

13 de janeiro

Um minuto para você

14 de janeiro

O afã cotidiano nos sufoca. Antigamente, o povo da roça gastava um dia para ir à cidade e regressar. Depois de plantar, o agricultor esperava o crescimento, dava tempo ao tempo. Hoje a vida é um atropelo. Dirigimos falando ao celular. Comemos trabalhando. Viajamos fazendo cálculos, planejando, movimentando pessoas. É incrível ver como as pessoas, ao saírem do avião, se agarram ao celular, como se estivessem dando ordens ao sol, à lua ou aos mares.

Fazemos muito mais que nossos pais. Somos mais rápidos. Ganhamos mais dinheiro. Mas somos mais gente? Nos humanizamos mais? Apreciamos mais a vida, nossa e dos outros? Pensamos que nosso valor esteja aí, mas é engano. Trabalhamos e não desfrutamos. Nós nos matamos trabalhando para os outros e, quando abrimos os olhos, a vida passou.

Dê todos os dias um tempinho para você, e não permita que ninguém invada esse espaço sagrado.

Sentir-se pai

A paternidade está no DNA do ser humano. Tanto os casados quanto os solteiros, ninguém escapa desse sentimento nobre. Mesmo que alguém tenha optado por não ter filhos, a paternidade lateja nele, pedindo espaço e atenção. É por isso que cresce sempre mais o número dos que consideram como filhos seus *pets* – animais de estimação. E com isso aumenta também o número de *pet shops* – mais que as padarias em certas cidades.

A paternidade precisa, de algum modo, ser coroada de êxito, para que o homem se sinta completo. Realizando-a, nós nos assemelhamos a Deus, fonte e origem de tudo o que existe. Jesus deu dele a mais estupenda definição: Pai, Papai querido. E ensinou-nos a invocá-lo como fonte comum de vida: Pai nosso. Não simplesmente "Pai meu", mas "Pai nosso".

15 de janeiro

> Sua paternidade gera em nós
> um sentimento novo e forte:
> sentir-se, de certa forma,
> pai de tudo e de todos.

Sentir-se mãe

16 de janeiro

No passado, os padrões comportamentais distinguiam nitidamente a função paterna da materna. Hoje as coisas mudaram, e não temos mais aquela rigidez de padrões. Tanto é verdade que, para muitas mães, sobrou a árdua tarefa de serem "mãe e pai" ao mesmo tempo.

Pergunto-me se o vice-versa não possa ser válido para o homem, ou seja, sem menosprezar o insubstituível papel da mãe, ser ele também "pai e mãe" de seus filhos ou dos filhos dos outros, ou de todas as coisas que existem. Que o digam os homens que, por algum motivo, sozinhos levam à frente a vida da família. Não se trata de confundir ou trocar papéis. Visto que o movimento feminista nos alertou para a dimensão materna de Deus – que sempre foi considerado e apresentado como ser masculino –, é oportuno perguntar se não chegou o momento de sentir-nos todos também "mães" de tudo o que possa existir.

Sem preconceitos

Um dos maiores desafios da vida é nos relacionarmos com os outros sem preconceitos. Assim como existe amor à primeira vista, também existe preconceito à primeira vista. Avaliamos a pessoa pelo vestir, pela aparência, pela cor da pele, e a primeira impressão se agarra em nós de modo preconceituoso, pois dizemos que "a primeira impressão é a que fica".

Deveríamos ter a coragem de suspender todo julgamento prévio acerca das pessoas. Isso porque delas nós vemos apenas o superficial, uma parte do todo. Deus, sim, vê a pessoa em sua totalidade. E, segundo o evangelho de João, o mestre Jesus não julga nem condena pessoa alguma. O preconceito envenena todas as relações humanas. E, o que é pior, aí entra o fator sombra, tão bem explicado pela psicologia. Muitas vezes – quase sempre:

> O PRECONCEITO É ALGUM DEFEITO
> QUE TEMOS DENTRO DA GENTE
> E PENSAMOS VÊ-LO EM OUTRAS PESSOAS.

Cheirosos

18 de janeiro

Zezinho nasceu e cresceu pobre, sem conhecer o que é perfume, a não ser o perfume das flores e o êxtase da dama-da-noite. Quando, na escola, a professora se debruçava sobre os cadernos dele, o seu perfume o inebriava, fazendo-o voar ao céu. O perfume da professora perfumou para sempre a alma dessa criança. Ainda hoje, ao deparar com aquele perfume, seu ser se enche de ternura, sente-se inebriado e içado às alturas.

Como é bom ser cheiroso e espalhar perfume por onde passamos. Já dizia aquela antiga melodia: "Fica sempre um pouco de perfume nas mãos que oferecem rosas, nas mãos que sabem ser generosas". Mas, neste caso, o perfume já não vem de fora da pessoa, vem de dentro dela; não vem da perfumaria, mas de um coração generoso. O apóstolo Paulo sabia disso e afirmou:

Nós somos o bom perfume de Cristo.
Infinitamente mais perfumado
que o da dama-da-noite.

Tolerância

Tolerância é importante companheira de caminhada no terceiro milênio. Sua falta – ou a presença de sua inimiga, a intolerância – contamina todas as relações humanas. Precisamos de tolerância no trânsito das grandes cidades, nas questões políticas, religiosas... Sem ela, os que pensam e agem diferente de nós são vistos como inimigos, e nós descambamos para a fanatização de nossa perspectiva, mergulhando num fanatismo perigoso para nós e para os outros.

A pessoa intolerante, no fundo, não se conhece, ou tem uma visão distorcida de si mesma. Considera-se dona da verdade, pronta a ensinar a todos. A tolerância é prova de que nos conhecemos como pessoas limitadas e respeitamos os limites dos outros. Já disseram que o diálogo é a menor distância entre duas pessoas, ao passo que a intolerância é o maior abismo que se possa criar entre seres iguais.

Tolerância é atitude
de quem sabe viver com sabedoria.

Responsabilidade

20 de janeiro

Zezinho gostava de pescar no rio de águas claras, vendo os peixes a nadar. Certa ocasião ficou encabulado. Ele via os peixes na água – grandes e bonitos –, mas, por mais que jogasse o anzol à frente deles, davam a impressão de nem ver a deliciosa isca balançar diante deles.

Contou então o fato ao pai, e dele recebeu a solução: certos peixes, quando cuidam de seus alevinos, se abstêm de tudo, até de se alimentarem, para cuidar de suas crias. Há certas espécies que, percebendo o perigo, engolem os peixinhos, devolvendo-os à água quando o perigo cessou. Grande crueldade e falta de responsabilidade seria pegá-los nessas ocasiões com rede ou tarrafa.

Responsabilidade é a capacidade de responder por. Os pais respondem por suas crianças, o motorista do ônibus pelos passageiros que conduz...

A PESSOA RESPONSÁVEL
RESPONDE POR SEUS ATOS,
SEM SE DESCULPAR OU CULPAR OS OUTROS.

Moderação

Zezinho adorava azeitonas. Mas, visto que eram importadas, raramente podia saboreá-las. Certo dia a grande chance apareceu: à frente dele, muitas azeitonas: graúdas, carnudas, de dar água na boca. E ele não se fez de rogado. Comeu uma dezena, duas, três, quantas podia e até mais de quanto podia. Resultado trágico: congestão de azeitonas. O prazer virou mal-estar, vômitos e dias inteiros de abatimento, sem apetite. Azeitonas? Nem pensar. Hoje costuma dizer que odeia azeitonas.

Moderação é a arte de não transformar o prazer em desprazer, a ponto de se poder dizer que tudo o que é feito com moderação é bom. Isso vale para todos os campos de nossa vida ou atividades. A Bíblia diz: "O vinho traz vida para os homens, desde que você o beba com moderação. Que vida existe quando falta vinho?". E também: "Se você encontra mel, coma apenas o suficiente, para não ficar enjoado e vomitar".

21 de janeiro

Perseverança

22 de janeiro

Conta-se que, distraídas numa noite quente, duas rãs caíram numa enorme bacia cheia de leite. Tentaram de todas as formas alcançar as bordas, sem sucesso. Animavam-se mutuamente, ora boiando, ora nadando. Uma delas, porém, foi acometida de forte crise e começou a desanimar. A outra, nadando perto dela, procurava animá-la, mas em vão. A certo momento desistiu de nadar.

As horas daquela noite foram longas, mas de manhã aquela bacia de leite tinha um visual diferente. Não havia mais leite, e sim um monte de manteiga e, sobre ela, uma rã exausta de tanto bater mãos e pés. Ao lado, uma rã morta.

O mestre Jesus garantiu que em tempos difíceis a saída é não desistir nunca. Ele disse a seus seguidores: "É permanecendo firmes que vocês irão ganhar a vida". Nós temos um provérbio interessante que vai nessa direção:

> ÁGUA MOLE EM PEDRA DURA,
> TANTO BATE ATÉ QUE FURA.

Persistência

Certa ocasião, ganhei um pôster, simples e significativo ao mesmo tempo. Mostrava um lago e, à beira dele, uma garça. Ela acabara de fisgar seu almoço: uma suculenta rã. Quando, porém, conseguiu direcionar a cabeça do batráquio para dentro da goela, mais que depressa a rã agarrou com as patas dianteiras o pescoço da garça, apertando-o com todas as forças. O desfecho da cena ficava à imaginação: quem ganhará a luta? Embaixo, uma frase: "Nunca desista". Estava na cara: a vitória é da rã. A garça que vá procurar outro almoço.

Há pessoas que, por não perseverarem em seus objetivos, acabam apressando o próprio fracasso ou infelicidade. É próprio do ser humano superar desafios. Os problemas que surgem na vida são provocações para que nos superemos, crendo que com perseverança nada será impossível.

É O PRÓPRIO SENHOR JESUS A GARANTIR QUE TUDO É POSSÍVEL PARA QUEM CRÊ.

23 de janeiro

Decisão

24 de janeiro

Nos primeiros anos de vida, nossos pais decidiram por nós. Adultos, às vezes, tivemos de tomar decisões em nome de outros. É prova de maturidade quando somos capazes de tomar nossas próprias decisões, escolhendo o caminho que noz conduza à felicidade. Se amamos de fato as pessoas, devemos incentivá-las a tomar as próprias decisões. Se decidimos por elas, acabam tornando-se nossas escravas. Sem esse, às vezes, doloroso parto de tomar decisões, ninguém amadurece para a vida.

É sábio ponderar e avaliar bem antes de tomar uma decisão. Mas não é sábio nem aconselhável adiar continuamente certas decisões. Quando decidimos, em nossa escolha há sempre uma porcentagem de renúncia, mas o prazer e a satisfação de termos tomado uma decisão compensam infinitamente as renúncias, fazendo-nos esquecê-las.

QUASE SEMPRE O NOSSO AMANHÃ
DEPENDE DAS DECISÕES TOMADAS HOJE.

Dedicação

Dedicar-se é consagrar a vida a uma causa. Não importa se a causa é pequena ou grande, pois sua grandiosidade depende da dedicação que lhe consagramos. Assim, é grande a causa abraçada por aquele filho que decidiu dedicar toda a vida a cuidar do pai enfermo. E logo depois que o pai faleceu, faleceu também o filho, como se Aquele que tudo conhece e sabe quisesse premiar logo essa total dedicação.

Dedicação é o nome que se dá ao gesto daquele viúvo que, por décadas seguidas, a cada manhã oferecia uma flor no túmulo da amada. As mães são o maior exemplo de dedicação. Elas têm o dom de enobrecer as coisas simples e naturais da vida. A gestação de um filho, a amamentação, o cuidado com a casa, a preocupação cotidiana com o alimento, a roupa... fazem delas pessoas consagradas à causa da vida. É dedicação a toda prova, não raro regada a lágrimas, silêncio e espera confiante.

25 de janeiro

Gratidão

26 de janeiro

No episódio da cura dos dez leprosos, Jesus tocou o cerne da questão ao se queixar dos nove que foram curados e não voltaram para dar glória a Deus. É verdade. Nós somos mais pidonhos do que agradecidos. Pedir revela nossas carências, mas agradecer manifesta a grandeza de nosso coração e a visão ampla que temos da vida enquanto dom de Deus.

O português é a única língua que ensina a dizer "obrigado". Quando dizemos isso não nos damos conta da seriedade dessa palavra. Significa simplesmente que me sinto na obrigação de retribuir. Daí a resposta que nos dispensa da obrigação: "De nada". Você não está obrigado a retribuir. Mas, pensando bem, não estaríamos obrigados a ser também gratuitos como a pessoa que nos agraciou? O apóstolo Paulo aconselha: "Nada devam a ninguém a não ser o mútuo amor".

A GRATIDÃO É NOSSA ETERNA DÍVIDA,
E SERMOS GRATOS É UM ATO DE AMOR.

No coração do Pai

Há uma canção que diz: "Eu moro no coração do Pai e o Pai mora no meu coração". Que cumplicidade maravilhosa! Tal Pai, tal filho. Quem se sente abrigado dessa forma jamais perderá a esperança e a confiança, aconteça o que acontecer. Graças ao Pai, que não escolheu um santuário de pedra para habitar, mas um coração humano. Graças ao ser humano, que permitiu ao Pai fazer morada em seu coração. E não somente isso.

Certa ocasião, Jesus disse que se alguém o ama e observa o mandamento de amar os outros, ele e o Pai virão estabelecer morada nessa pessoa. Ela se torna, portanto, santuário da Trindade, pois, onde estão o Pai e o Filho, também está o Espírito Santo. E nós... que pensávamos que Deus habitasse e gostasse de habitar nos distantes céus...

27 de janeiro

JESUS SE TORNOU O SANTUÁRIO
ONDE ENCONTRAMOS O PAI,
E O SER HUMANO É CHAMADO A SER
O ESPAÇO SAGRADO EM QUE DEUS HABITA.

Simplicidade

28 de janeiro

Certamente você já parou para contemplar as flores ou os pássaros. E deve ter descoberto que a beleza e grandiosidade deles estão na simplicidade. Olhe, por exemplo, uma papoula ou um amor-perfeito: poucas pétalas compõem um quadro de rara beleza. E as pessoas? São belas quando cultivam a simplicidade.

Alguém certa vez me dizia – e com razão: quem não tem valores por dentro, pendura por fora uma infinidade de bugigangas para chamar a atenção. E é verdade. A pessoa rica por dentro não precisa chamar a atenção com exterioridades. Um velho amigo dizia que quanto mais pobre o circo, mais enfeitado o palhaço. Não é mesmo? Jesus mandou contemplar os lírios do campo e as aves do céu... Ele, a pessoa mais importante que apareceu sobre a face da terra, sequer tinha, como as aves e as raposas, ninhos ou tocas. No entanto, ninguém dirá que isso lhe causasse infelicidade.

Resistência

Quando era criança, costumava brincar de cabo-de-guerra. Uma corda, dois grupos agarrados a ela, um tentando arrastar o outro para o seu campo. Muitas avenidas de nossas cidades têm árvores grandes no canteiro central. O pé delas foi coberto de cimento ou asfalto, mas por baixo desse peso as raízes crescem e arrebentam a camada opressora que jaz sobre elas.

Quando era criança, gostava de olhar as ramas de batata-doce ou mandioca. Após perder as viçosas folhas, davam a impressão de morrer sob o peso da terra. Mas, por baixo da terra, as batatas continuavam crescendo e, em vez de serem esmagadas pela terra, cresciam a ponto de rachar a terra acima delas. Somente o defunto, enterrado em cova rasa, permite que a terra afunde sobre ele, afundando-o. Mas nós não estamos mortos.

A RESISTÊNCIA NAS DIFICULDADES
VAI TEMPERANDO NOSSA PERSONALIDADE,
SEM DEIXAR ESPAÇO PARA O ABATIMENTO.

Têmpera

30 de janeiro

O pai de Zezinho cortava pedras de basalto nas pedreiras. Trabalho duro e perigoso, martelava um ponteiro de ferro ou de aço para perfurar as pedras e assim cortá-las. Os ponteiros deviam ser preparados, ou seja, temperados. Zezinho acionava um grande fole, que atiçava as brasas, e estas aqueciam os ponteiros de aço ou ferro. Em brasa, eram malhados na bigorna, recebendo nova ponta. A seguir, o pai os temperava.

Para isso é necessário ter muita experiência e habilidade. Mergulhando levemente a ponta quente na água fria, além do chiado e do vapor, via-se uma cor azul-púrpura, sinal de que o ponteiro estava temperado para enfrentar a pedra dura sem ceder ou quebrar. As provações, dificuldades e conflitos que a vida apresenta podem servir para que as pessoas adquiram têmpera cada vez maior.

> QUEM FOGE DAS DIFICULDADES
> SUFOCA A FORÇA QUE LATEJA
> EM SEU INTERIOR.

Errar é bom?

Ninguém está livre de erros, a ponto de se dizer que errar é humano. Alguns erros são resultado da fragilidade humana e outros decorrentes de opções erradas. O erro, portanto, faz parte da condição humana. Penso que no fundo ninguém gostaria de errar, mas o erro pode ser provocador de nova atitude. Em outras palavras, há um lado positivo no erro que cometemos. Pode-se aprender mais com os erros do que com os acertos.

Lembro-me de um fato pitoresco. Na década de 60 – século passado –, numa prova de História do Brasil, o professor pediu o nome do então Presidente da República. Todos os alunos responderam Humberto de Alencar Castelo Branco. O professor considerou errada a resposta, porque Castelo na verdade se escreve com dois eles – Castello. À parte a fúria dos alunos contra aquele chato, ninguém mais escreveu errado o nome daquele Presidente da República.

31 de janeiro

O vazio tem valor?

1º de fevereiro

Pode acontecer que às vezes sintamos um inexplicável vazio existencial. De repente tudo se tornou cinza, sem sabor, sem sabermos o porquê. Será que o vazio tem valor? Um antigo sábio, Lao Tse, assim se expressou: "Trinta raios convergem para o eixo único da roda: mas é o vazio entre eles que gera a utilidade da roda. Modelais a argila para fazer um pote, mas a utilidade do pote vem do vazio. Abris portas e janelas para fazer um quarto, mas é o vazio que faz a utilidade do aposento. Assim, o que existe é uma vantagem, mas sua utilidade vem de sua vacuidade".

O vazio que sentimos é um alerta: está faltando algo que nos preencha. É também fonte de esperança. Agostinho dizia a Deus: "O nosso coração está inquieto enquanto não descansar em ti".

QUEM CONSEGUE DESCOBRIR O MOTIVO QUE GEROU O VAZIO EXISTENCIAL TEM GRANDES CHANCES DE SER BEM-SUCEDIDO NOS PROJETOS QUE EMPREENDER.

Integridade

Integridade não é a mesma coisa que perfeição. O ser humano, sem dúvida, não é perfeito e jamais atingirá a perfeição. Mas pode ser íntegro – e é muito bom que o seja. A integridade se identifica com a inteireza. E esta é a qualidade de quem é inteiro, capaz de integrar em sua vida também aspectos negativos ou sombrios. É mil vezes preferível conviver com pessoas íntegras a viver com quem se julga perfeito.

A integridade conduz ao reconhecimento e aceitação dos próprios limites (e os dos outros), ao passo que a mania de perfeição tenta de todos os modos negá-los. Num relacionamento a dois ou em família, a qualidade de íntegro ocupa os primeiros lugares. A mania de perfeição pode levar à esquizofrenia ou paranóia, ao passo que a integridade traz saúde para o corpo e para o espírito. Deus gosta de pessoas íntegras ou retas. A Bíblia afirma que ele não recusa nenhum bem aos que conduzem a própria vida de forma íntegra.

2 de fevereiro

Entusiasmo

3 de fevereiro

O entusiasmo é o termômetro de nossa idade. Dito de outra forma: não temos a idade cronológica estabelecida a partir da certidão de nascimento, mas a idade resultante do entusiasmo que carregamos dentro de nós.

É maravilhoso ver pessoas da terceira idade com o entusiasmo e o dinamismo de pessoas jovens; e como é deprimente deparar com jovens e adultos dando a impressão de terem a idade dos dinossauros. O entusiasmo demonstra uma verdade límpida: dentro de pessoas entusiastas, apesar da idade que avança, trabalha o DNA da vida, da esperança, da vitória.

O apóstolo Paulo percebia, como qualquer pessoa, o desgaste externo de seu corpo, mas sentia tanto entusiasmo interior, a ponto de afirmar que, se por fora, ou seja, externamente, seu corpo sofria o desgaste do tempo, por dentro seu entusiasmo se renovava e crescia a cada dia.

VALE A PENA VIVER E CULTIVAR
ESSA DIMENSÃO.

Flexibilidade

4 de fevereiro

Não se trata de ser maria-vai-com-as-outras, de não ter opinião ou personalidade. Pelo contrário, a flexibilidade é a virtude de pessoas fortes, daquelas pessoas que reconhecem haver um pouco de verdade em tudo e em todos.

As árvores flexíveis, quando agitadas por ventos fortes, dobram-se, mas não quebram. O fato de se dobrarem não significa que deixem de ser elas mesmas. As árvores inflexíveis, ao contrário, se não dispõem de raízes extremamente robustas, não resistem ao vento tempestuoso, que as arranca; se têm raízes resistentes, são os galhos que se quebram e caem.

Os antigos diziam em sua sabedoria de vida: "Dobrar-se sim, quebrar-se não". A pessoa que tem dificuldades em ser flexível tem, igualmente, dificuldades em se relacionar bem com os outros.

OS PROBLEMAS DE UMA PESSOA COMEÇAM CONSIGO MESMA, NA INCAPACIDADE DE SER FLEXÍVEL DIANTE DAS PRÓPRIAS LIMITAÇÕES E FRAQUEZAS.

Coerentes

5 de fevereiro

O que mais se vê, se lê e se ouve hoje em dia são desmentidos. Lá se vão os tempos em que fio de barba era documento. O próprio mestre Jesus, certa ocasião, recomendou que o nosso sim seja sim e o nosso não seja não. Mas hoje em dia é comum conviver com o *nim*, uma mistura de "não + sim".

Um vencedor do Prêmio Nobel de Literatura do século passado aconselhava a dizer sempre a verdade, ser coerente hoje, para no dia de amanhã não ter dificuldades em lembrar, conservar e defender a mentira dita hoje. Sábio conselho. Quem não é coerente acaba se enroscando num cipoal de contradições e mentiras. E, como se diz, "a mentira tem pernas curtas". O apóstolo Paulo afirmava que sua palavra e ação não eram hoje sim, amanhã não, mas sempre sim.

A PESSOA COERENTE PODE TER MUITOS DEFEITOS; PORÉM CEDO OU TARDE TODOS RECONHECERÃO O VALOR DA PALAVRA DADA E EMPENHADA PELA VIDA INTEIRA.

Doença

A doença existe? Cresce a cada dia o número dos que afirmam que não, a doença não existe. Essa afirmação causa impacto na vida das pessoas. Alguns autores dizem que criamos a doença com nossas somatizações, ou a provocamos com nosso comportamento.

Uma coisa é certa: como o peixe, também o ser humano morre pela boca. A maioria dos males que nos afligem vem de nossos maus hábitos alimentares, do nosso estilo de vida desordenado, coisas que envenenam não somente o corpo, mas sobretudo a alma. Quando nossa alma está envenenada, os resultados se manifestam no irmão dela, o corpo das pessoas. Antigamente, são muitos que o reconhecem, não havia tanta doença típica dos tempos modernos e pós-modernos.

O PROGRESSO DA MEDICINA É UM IMENSO DOM QUE DEUS CONCEDE À HUMANIDADE. NÓS COLABORAMOS BUSCANDO QUALIDADE DE VIDA PARA TODOS.

6 de fevereiro

Ganhar é ganhar?

7 de fevereiro

Nem sempre ganhar é ganhar. Às vezes, para ganhar é preciso perder. Ganha-se uma pessoa perdendo ou deixando perder um bate-boca ou algo parecido. O mestre Jesus sabia disso e falou assim: "Se alguém quer ganhar a própria vida, vai perdê-la. E quem perder a própria vida por causa de mim, vai ganhá-la". É compreensível que o torcedor fanático queira ver seu time sempre vencedor e campeão. Mas a vida ensina que nem sempre é assim.

Às vezes damos o sangue para obter algo. E quando conseguimos, descobrimos que não era tão valioso ou necessário. Valiosa pode ter sido a luta para obter o que queríamos. Há vitórias que têm sabor de derrota, e derrotas que têm sabor de vitória. Que o digam os grandes generais do passado. Nós próprios experimentamos isso quando usamos todos os recursos – lícitos ou não – para conseguir um objetivo e acabamos perdendo, por exemplo, um amigo.

Perder é perder?

Perder nem sempre é perder. Quem nos deu o mais elevado exemplo disso foi o mestre Jesus. Ele perdeu a vida, mas sua vida não se perdeu. Pelo contrário, por perder a vida, ganhou-a imortal na ressurreição. E mostrou-nos que isso é caminho possível também para cada pessoa. Há gente que tem horror do perder e não quer nem sabe perder; porém, algumas perdas são ganhos.

Se for verdade que a porta que conduz ao caminho da vida é estreita, não há outra alternativa senão desfazer-se de tudo o que impede nossa transfiguração após termos passado por aquela porta estreita.

Os mártires do passado e de nossos dias testemunham que perder é ganhar. Dando a vida por uma causa, identificaram seu caminho com o de Jesus, desfrutando com ele de perene glória. Além disso, ganharam nossa estima, simpatia e devoção.

SEM O GESTO DE APOSTAR A VIDA,
NÃO PASSARIAM DE GENTE COMUM OU
PESSOAS MEDÍOCRES.

Olhar para dentro

9 de fevereiro

Zezinho me explicou o que é alforje. É um saco duplo, fechado nas extremidades e aberto no meio, formando como que dois bornais, que se enchem equilibradamente, sendo a carga transportada no lombo de animais ou ao ombro de pessoas.

Disse-me que antigamente costumavam ensinar da seguinte maneira: no saco dianteiro, caído sobre o peito da pessoa, estão os defeitos dos outros; no detrás, os de quem carrega o alforje sobre o ombro. Espontaneamente, olhamos para a parte dianteira do alforje e não vemos o que há na de trás. Se invertêssemos o alforje, veríamos os nossos próprios defeitos e talvez descobriríamos que são maiores ou mais pesados que os de nosso próximo. Isso nos leva à seguinte constatação: Como é difícil olhar para dentro de si próprio. Jesus disse:

> HIPÓCRITA, TIRA PRIMEIRO
> A TRAVE DO PRÓPRIO OLHO,
> PARA DEPOIS TIRAR O CISCO
> NO OLHO DO TEU IRMÃO.

Olhar para os lados

Quando criança, para ir à casa da avó, Zezinho tinha de atravessar uma ferrovia. E lá estava uma placa ordenando parar, escutar e olhar para os lados, com o objetivo de evitar atropelamento. Naquele tempo, havia um livro famoso garantindo com seu título que nenhum homem é uma ilha. Esse autor ajudava não a olhar a linha férrea, mas a olhar para os lados a fim de perceber com quem caminhamos e quem caminha conosco. O velho ditado dizia: "Dize-me com quem andas e eu te direi quem és".

Olhar para os lados é importante porque nos descobrimos como seres vocacionados a viver juntos. Se olharmos para os lados, fica mais fácil dar as mãos aos outros para ajudá-los ou para pedir ajuda. O círculo é uma forma geométrica perfeita. Nós podemos compô-lo se nos pusermos lado a lado, dando-nos as mãos.

> COMO É GOSTOSO PERCEBER
> QUE AO NOSSO LADO CAMINHA ALGUÉM
> MUITO PARECIDO CONOSCO.

10 de fevereiro

Olhar para baixo

11 de fevereiro

"O que vem de baixo não me atinge", afirmam alguns, arrogantemente. Será que não atinge? Não seria importante às vezes olhar para baixo? Aos que sobem muito sozinhos, há um alerta que diz: "Quanto mais alto, maior o tombo".

Dificilmente, debaixo de árvore frondosa e alta, cresce alguma coisa. Não seria importante olhar para baixo de vez em quando para percebermos se não estamos pisando em alguém ou impedindo alguém de crescer e de ter seu próprio lugar ao sol? Se o sol nasceu para todos, será justo obrigar pessoas a viverem eternamente à nossa sombra? A sequóia é a maior árvore do mundo. Mas alguém pode ficar extasiado com a grandeza das violetas.

O Filho de Deus, apesar de desfrutar *status* de Deus, optou não só por olhar para baixo, mas por tornar-se gente como a gente, servidor obediente até a morte de cruz. Sua exaltação é resultado de seu abaixamento radical.

Olhar para trás

Olhar para trás pode ser coisa de saudosista, mas nem sempre é assim. O mestre Jesus afirmou que quem põe a mão ao arado e olha para trás não é apto para o reinado de Deus. Nesse sentido, olhar para trás supõe medo de enfrentar o novo – isso não faz bem à pessoa. Além disso, pode ser avaliação da caminhada, para corrigir o que não deu certo e potenciar o que foi bem-sucedido. Aí olhar para trás é tentativa de ser mais feliz no futuro.

Olhando para trás, poderemos reencontrar também nossos objetivos, visitar nossos sonhos, redescobrir nossas raízes. Serve também para outras coisas. Por exemplo: para ver quem vem depois de nós. Quando alguém tem um problema e olha para trás, descobre que outras pessoas os têm maiores que os nossos.

Olhar para trás "pequeniza"
as dificuldades e permite a retomada,
pois quem está pior do que nós
tem mais garra.

Olhar para cima

13 de fevereiro

Algumas pessoas sofrem de lordose, ou seja, curvatura exagerada da coluna vertebral, que as impede de olhar para cima. Jesus curou uma mulher com essa doença. Mas pode acontecer que as pessoas sofram de outro tipo de lordose, curável apenas pela mudança de visão. Trata-se de não querer olhar para cima.

Olhar para o alto faz bem. Quem nasceu na planície e olha para as montanhas, sente-se atraído por elas, que o convidam a subir, superar-se e respirar ares novos. Vários milagres do mestre Jesus são precedidos pelo "olhar para cima", para o céu. E não podemos esquecer que freqüentemente subia montanhas para se sentir mais perto daquilo que animava sua vida. Olhar para cima faz descobrir que não estamos sozinhos nessa caminhada; ajuda-nos a desvendar de onde viemos e para onde somos chamados a voltar.

O MESTRE JESUS, NESSE SENTIDO,
AFIRMOU SER O CAMINHO:
DO CÉU PARA CÁ, DAQUI PARA LÁ.

Treinamento

No tempo em que não se falava do "politicamente correto", Zezinho contava a história de um caçador de onça. Numa caçada, deparou com uma dessas feras a poucos passos. Rapidamente atirou, mas como não treinara tiros de perto, não acertou. Por sorte a onça foi embora. Voltando para casa, o caçador resolveu treinar tiros de perto. Bem treinado, voltou à caça. Qual não foi sua surpresa ao deparar com a mesma onça treinando dar botes bem de perto também. E Zezinho concluía: a pessoa deve estar sempre treinando em vista do futuro.

O apóstolo Paulo gostava de se comparar ao atleta, ao boxeador, ao soldado bem armado e treinado. E mostrou que a vida supõe um treinamento permanente para não "enferrujar".

14 de fevereiro

OS ATLETAS QUE COMPETEM TREINAM PARA
ALCANÇAR UM PRÊMIO PASSAGEIRO;
AS PESSOAS QUE NÃO DESISTEM DA LUTA
TREINAM PARA OBTER UM
PRÊMIO PERMANENTE.

Hospitalidade

15 de fevereiro

Zezinho contava como era a hospitalidade nos tempos de criança. Aí de fato valia o dito "a casa é sua". O hóspede era sempre bem-vindo e desfrutava do que havia de melhor, a ponto de alguém – quase sempre as crianças – ir dormir no chão para ceder a cama à visita. E tudo era feito com muito humor e algazarra, pois dormir no chão da sala era uma aventura.

Hoje muita coisa mudou, e nos cercamos de cuidados, muros, cercas eletrificadas, cacos de vidro, câmeras, grades, seguranças e uma parafernália de coisas, porque, acima de tudo, banimos de nosso coração a hospitalidade. Ele deixou de ser hospitaleiro.

A Bíblia, em muitas ocasiões, mostra a hospitalidade como um valor sagrado, a ponto de afirmar que quem acolhe as pessoas, na verdade, está acolhendo o próprio Deus. Isso é confirmado pela velha lenda natalina, na qual o Menino Jesus visita as famílias na veste de pobre mendigo.

Transparência

Um dos maiores desafios do ser humano é ser transparente como o vidro, como o vitral. O vidro fosco é a imagem exata da pessoa que não consegue ser ela mesma. Através dele, vemos todas as coisas deformadas. Ela, por sua vez, nos transmite uma visão distorcida de tudo e de todos. Para saborear a beleza de ser transparente, basta ir a uma catedral e contemplar os vitrais. A luz do sol filtra-se através deles, os quais a tornam mais suave e agradável.

Aprende-se a ser transparente em família, corrigindo as mentirinhas não-intencionais das crianças, para evitar as mentiras dos adultos, causadoras de males e conflitos. A pessoa transparente goza de serena paz no mais íntimo de seu ser. A verdade dita por ela não costuma doer tanto. O que dói é a "verdade" dita por uma pessoa "fosca", porque é sempre uma verdade pela metade.

16 de fevereiro

Como não existe verdade pela metade,
é melhor ser inteiro,
para receber luz dos outros
e irradiá-la ao próximo.

Solidariedade

17 de fevereiro

Solidariedade é um dos mais nobres sentimentos que se possa cultivar. Supõe um movimento de dentro para fora – movimento oposto ao do egoísmo, de fora para dentro. É irmã gêmea da misericórdia, palavra que significa enviar o coração aos míseros, aos necessitados.

O profeta João Batista estimulava a preparação à chegada do Messias pregando a solidariedade. Recomendava a quem tivesse duas túnicas que desse uma a quem andava nu, e quem tivesse comida a repartisse com quem passava fome. Sem solidariedade, é muito difícil atingirmos uma sociedade sem exclusões, pois ela pressupõe que o grande abra mão de seus privilégios em favor do pequeno, o poderoso em favor do fraco. O apóstolo Paulo afirma que Jesus disse:

> Há mais felicidade em dar
> do que em receber.

Doação

Quem doa sente mais alegria do que quem recebe. Uma antiga lenda afirmava que o pelicano, no desespero de nada encontrar para alimentar os filhotes, com o bico feria o próprio peito e, com seu sangue, os alimentava. Essa lenda foi no passado aproveitada pela iconografia cristã, que começou a representar Jesus Cristo como "piedoso pelicano", que dá o próprio sangue para que os seus tenham vida em abundância.

Quem não consegue doar(-se) ainda não superou a fase infantil da vida, quando a criança deseja possuir tudo o que vê e toca. Exemplo de doação sem reservas é a mãe. O apóstolo Paulo, nas fundações e animação de comunidades, sentia-se pai e mãe de todos. Ele afirma ter agido como mãe carinhosa que aquece o filho que amamenta. Tão grande era sua capacidade de doação, que estava disposto a dar não somente a Palavra de Deus, mas até a própria vida, sem reservas.

18 de fevereiro

Alegria

19 de fevereiro

Já se disse que um santo triste é um triste santo e que na vida o melhor remédio é sorrir. Sabe-se que o riso e a alegria trazem saúde ao corpo e à alma, ao passo que a tristeza e o mau humor provocam doenças e enfermidades.

Pessoas carrancudas jamais deveriam ser nossos hóspedes. É melhor entreter-se com um pobre alegre do que com um rico carrancudo: sai-se lucrando mais. Também na questão religiosa. Há algo de errado, que não funciona, nessas religiões de cara amarrada. Quem estabeleceu que seja assim?

De fato, a mensagem principal do cristianismo – ao nascer Jesus e também na sua ressurreição – é um convite à alegria. Sábio era aquele fulano que, por ter-se alegrado a vida inteira, pediu que no seu velório só houvesse alegria. Algumas crianças, ao verem velas acesas, pensaram que era aniversário e, sem mais, começaram a bater palmas e cantar parabéns a você.

Paz

Paz não é simplesmente ausência de conflitos. Defini-la pelas ausências é empobrecê-la. É melhor senti-la a partir daquilo que pode gerar nos relacionamentos – do relacionamento entre duas pessoas às relações internacionais entre povos: respeito, liberdade, autodeterminação, justiça, igualdade.

A Bíblia afirma que a paz vai de braço dado com a justiça. Sem justiça não há paz. Apesar de tantas guerras, a Bíblia é um livro de paz para quem é gente de paz: "Felizes os construtores da paz, porque serão chamados filhos de Deus". A paz se constrói. Para o povo da Bíblia, a paz (*shalom*) é vida em abundância para todos.

Os destruidores da paz passam à história como inimigos da humanidade, ao passo que seus construtores são uma espécie de pais e mães de todos os povos. No passado se dizia: "Se queres paz, prepara a guerra". Hoje professamos:

Se queres paz, desarma-te.

Docilidade

21 de fevereiro

Admiramos a docilidade dos animais – por exemplo: um cão ou gato. Será que esquecemos que a docilidade é uma característica das pessoas? Experimente conviver com uma pessoa amarga, negativa, incapaz de manifestar doçura, e notará que tudo arrisca a se tornar um enorme barril de fel. A docilidade é exatamente o oposto, a ponto de uma pessoa dócil ser comparada com as abelhas: tudo o que produz redunda em doçura, atraindo e cativando as pessoas.

É conhecido o antigo provérbio: "Pegam-se mais moscas com uma gota de mel do que com um barril de fel". As pessoas amargas afastam os amigos; as dóceis os aproximam. É muito mais simples ser dócil do que ser amargo. Às vezes, na vida, surgem momentos amargos que não podemos evitar. Mas sempre é possível transformar um limão numa limonada.

> Tanto a docilidade quanto
> a amargura contagiam.
> Mas os resultados são diferentes.

Bondade

O que é uma pessoa boa? Como defini-la? Talvez tenhamos dificuldade em explicar, mas facilmente descobrimos se as pessoas com quem convivemos são boas ou não.

Talvez seja útil comparar a pessoa boa ao pão. Por que o pão é gostoso? Por que não cansamos de comê-lo? E é tão simples, sem sofisticações. Está presente em todos os momentos da vida, e não faz questão de se apresentar nos banquetes. O pão aceita qualquer companhia: pão e água, para os penitentes, pão com doces, pão com salgados. O pão se dá bem, casa bem com tudo e com todos. Até quando está velho e seco é gostoso: torrado, como farinha de rosca, como ingrediente de doces e salgados.

Se os alimentos pudessem escolher um parceiro ideal, certamente escolheriam o pão, pois é a síntese da bondade. É por isso que costumamos dizer de uma pessoa bondosa: ela é um pão. Por isso Jesus se fez pão.

22 de fevereiro

Verdade

23 de fevereiro

O que é a verdade? Pilatos não esperou Jesus responder. E se tivesse esperado, talvez ouvisse apenas o silêncio, pois parecia estar pouco interessado em descobri-la. Estava mais preocupado em não perder o poder, manter os próprios privilégios e ver-se livre do abacaxi que as autoridades dos judeus lhe deram.

A verdade não se nos revela quando não a buscamos com vontade. Ela aceita até ser camuflada, empoeirada por nós; tornando-se suja com nossas mentiras. Mas basta um pouco de água para que se revele de novo clara, límpida, transparente. Não devemos temer a verdade, a nossa verdade e a de cada pessoa. Aliás, o mestre Jesus, que entre outras coisas se definiu como a Verdade, garantiu que a verdade nos libertará. Por que então querer tapar o sol com a peneira?

> DIGAMOS A VERDADE SEMPRE
> PARA NÃO TERMOS DE ACRESCENTAR
> MENTIRA À MENTIRA,
> NUM REDEMOINHO SEM FIM.

Confiança

Você deseja envenenar uma relação, acabar uma amizade? Diga à pessoa que não confia nela e destruirá a base desse relacionamento, como o cupim que devora a madeira por dentro. A confiança é fundamental para se manter um clima saudável e de paz na família, no trabalho, na comunidade, na sociedade. Claro está que confiança não se compra na padaria nem vem pelo correio. Conquista-se.

Aprendemos a confiar desde crianças. Quando nossos pais nos jogavam para o alto e nos seguravam no ar, nós ríamos e pedíamos bis. Aí aprendemos a confiar. Um pouco crescidos, executamos as primeiras tarefas e nos tornamos confiáveis. Jesus disse que se formos pessoas confiáveis nas pequenas coisas, ele nos confiará o bem supremo, o seu Reino.

24 de fevereiro

CONFIANÇA SIGNIFICA TAMBÉM DAR UMA
SEGUNDA CHANCE QUANDO ALGUÉM ERRA.
ELA É CAMINHO DE MÃO DUPLA: VAI E VEM.

Amizade

25 de fevereiro

Amizade é uma das coisas mais importantes da vida. Feliz a pessoa que tem amigos, e mais feliz ainda quem sabe cultivá-los e conservá-los. O amigo perdoa nossos erros e elogia nossas conquistas. Defenda seus amigos quando estão ausentes e outros os criticam. Defenda-os como se estivesse defendendo a si próprio. E seja solidário sempre.

O livro de Jó afirma que a pessoa desesperada merece a solidariedade do amigo, mesmo que ela tenha perdido o temor de Deus. Nunca abandone seus amigos, que se parecem com o vinho: quanto mais velho, melhor.

O mestre Jesus disse que não tratava seus discípulos como servos, mas como amigos aos quais deu a conhecer todos os segredos de Deus Pai. Santa cumplicidade de Jesus, que nos ensina a ser confidentes e cúmplices de nossos amigos. Por isso:

> Não revele seus segredos
> para não perder quem o ama
> mais do que a si mesmo.

Bons pensamentos

É verdade: bons pensamentos – principalmente o positivo – nos tornam melhores a cada dia que passa. O contrário também é verdade – e deve ser evitado: pensamentos negativos vão embaralhando a mente e as pernas também. Pensamentos de paz, harmonia e bondade têm o poder de influenciar positivamente nossa vida.

Os sonhos costumam ser a caixa de ressonância de nossos pensamentos: se pensamos coisas boas, sonhamos coisas boas; se nossa mente é povoada de pensamentos e sentimentos negativos, temos pesadelos, fruto daquilo que pensamos de olhos abertos. Cultive sempre bons pensamentos.

O mestre Jesus disse que do coração das pessoas, ou seja, de sua consciência, brotam todas as coisas boas ou ruins que praticamos no dia-a-dia. Depende, portanto, de nós. Quando vierem pensamentos ruins, siga o conselho popular:

> CHUTA PRO MATO
> QUE O JOGO É DE CAMPEONATO.

Falar bem

27 de fevereiro

Falar bem dos outros faz bem para todos. Demonstra que temos olhar puro, que vê nos outros somente o que é bom. E não se trata de inveja ou fofoca de quem não consegue fazer como os outros. Se quisermos falar mal, sempre haverá à disposição algum motivo para isso. Por isso é que falar bem dos outros, com respeito, é uma opção que fazemos baseados na convicção de que não vale a pena falar mal.

Se você deseja ser pessoa "limpa", não vá mexer no "lixo" dos outros. Fale sempre o bem. Se notar erros nas outras pessoas, examine se você não está cometendo as mesmas falhas. Porque a pessoa sábia age assim: fala somente o bem que percebe nos outros e cala o erro, olhando para dentro de si.

SE NOTAR QUE ESTÁ COMETENDO
OS MESMOS ERROS OBSERVADOS NOS OUTROS,
MAIS QUE DEPRESSA PROCURE CORRIGI-LOS
NA PRÓPRIA VIDA.

Amar a vida

Uma coisa é certa: "A vida devolve pra gente aquilo que a gente dá pra ela". E costuma devolver em dobro ou em triplo. Se lhe damos coisas boas, receberemos muito mais. Se lhe damos coisas ruins, será que podemos esperar dela o cêntuplo em coisas boas?

O mestre Jesus contou a parábola da semente e dos tipos de terreno. A semente pode representar a vida, e os terrenos simbolizam o modo como acolhemos a vida. Depende de nós acolhê-la bem para que frutifique, ou mal, inutilizando-a.

Há quem se queixe da vida, chamando-a de cruel. Mas perguntamos: quem é cruel, a vida ou a pessoa? Ame a vida, ela é única e irrepetível. Ame-a desde agora, pois o amor tem poder de eternizar todas as coisas. Eternizará também a vida, aquela que nós denominamos "vida eterna".

28 de fevereiro

Quem não ama a vida trabalha
a favor da morte como cúmplice,
e a morte o prenderá com laços eternos.

Caráter

29 de fevereiro

Antigamente se costumava dizer que "é de pequenino que se torce o pepino" e "pau que nasce torto morre torto". Ninguém deve aceitar o determinismo cego, que afirma que algumas pessoas já nascem voltadas para o mal.

Todo ser que vem a este mundo nasce voltado para o bem, vocacionado para o bem e a felicidade. Nesse sentido, não existe ser humano que nasce "pau torto". Ele pode se entortar ou, o que é melhor, tornar-se sempre mais reto, à medida que cresce e vai formando e modelando seu caráter. Dessa forma, cada criança que vem a este mundo é como um computador que vai sendo programado pelos adultos.

A vida é o campo em que vai se formando o caráter da pessoa. Enganam-se os que pensam que se deve deixar que a criança cresça e escolha como formar seu caráter. Quem pensa assim não percebe que já foi semeado nela o bem ou o mal.

Escuta

Dizem que Deus pensou bem antes de nos formatar: deu-nos uma boca e dois ouvidos, para que saibamos falar pouco e escutar muito. E é verdade. Num mundo barulhento como o nosso, em que todos têm muito a falar, poucos se dispõem a escutar. Quem é mais sábio: o que fala ou aquele que escuta? Um antigo autor grego dizia que o sábio só rompe o silêncio quando tem a dizer algo mais precioso que o próprio silêncio.

Numa das comunidades fundadas pelo apóstolo Paulo, todos queriam falar e ninguém se dispunha a ouvir. Eram todos boca e ninguém ouvido. E excluíam da comunidade os que não tinham o dom da fala, só da escuta. Absurdo! Como é bom quando precisamos desabafar, descarregar as tensões, e alguém nos escuta com paciência e compreensão! O povo da Bíblia reza a cada manhã: "Escuta, Israel". É o povo da escuta.

NÃO É A FALA QUE NOS TORNA SÁBIOS,
MAS A CAPACIDADE DE ESCUTAR.

1º de março

Língua

2 de março

Zezinho me narrou um antigo conto. Falava de um rei, com sua corte e um bobo que não era tão bobo. Não só distraía, mas fazia pensar. Certo dia, o rei o encarregou de preparar o melhor prato. Expectativa geral. Surpresa. O bobo que não era tão bobo preparou línguas, um prato que poderia ser chamado de comida dos pobres. E explicou: "Quando dominamos a língua, realizamos coisas admiráveis". E todos concordaram. O rei pediu-lhe então que preparasse o pior prato. E assim aconteceu. O bobo preparou novamente línguas.

E diante da perplexidade de todos, esclareceu: "Quando não a dominamos, a língua causa os maiores estragos". O bobo não sabia, mas estava reproduzindo o ensinamento da carta do apóstolo Tiago, na Bíblia, que compara a língua ao pequeno leme do navio: este vai para onde o leme deseja conduzi-lo. Compara-a também à faísca: onde ela se insinua pode acontecer um incêndio.

Esperança

Nosso ditado a define muito bem: "A esperança é a última que morre". Quer dizer, então, que é aquela reserva de energia que entra em ação e nos socorre quando tudo parece estar perdido. Com ela superamos a dificuldade e, olhando para trás, nos surpreendemos do modo heróico com que enfrentamos o problema. Ela estava lá, como reserva de energia para a dificuldade, como a gordura para os bichos que hibernam. Sem ela, teríamos sucumbido.

O povo costuma dizer: "Quem espera sempre alcança". Mas isso não acontece sem luta e garra. Senão, é como se diz também: "Pode tirar o cavalo da chuva" ou: "Espere sentado, que em pé cansa".

A Bíblia aconselha a estarmos sempre prontos a dar a razão de nossa esperança a todos os que perguntarem por que esperamos. E, ainda, afirma que a esperança é como âncora para a nossa vida.

NÃO EXISTE DESESPERO PIOR DO QUE O DE QUEM PERDEU QUALQUER ESPERANÇA.

3 de março

Maturidade

4 de março

Os adultos olham para os jovens com sabedoria, e os jovens olham para os adultos com esperança. A maturidade não depende primeiramente da idade. As pessoas se parecem com os frutos. Alguns amadurecem rápido, uns precisam de muita exposição ao sol, e outros ainda só amadurecem no outono adiantado. Mas todos têm de amadurecer. É deplorável ver um adulto imaturo, sem aquela sabedoria e equilíbrio gerados pela maturidade.

Nós, adultos, temos para com os mais jovens este dever: ser pessoas maduras. Assim como seria ridículo usar as roupas do tempo de criança, também o é ver um adulto com atitudes infantis. O apóstolo Paulo dizia que, quando era criança, agia como tal nos pensamentos, critérios e atitudes. Mas chegado à fase adulta, isto é, à maturidade, abandonou tudo o que era próprio daquela fase.

A PESSOA MADURA NÃO SE SENTE REFÉM DO TEMPO DE CRIANÇA OU DE JOVEM.

Amor

O amor é a própria essência de Deus, definido assim na Bíblia: "Deus é amor". É um movimento de dentro para fora, uma procura de comunhão e sua realização. É como o sol: sem ele, nada consegue viver. É como a água: sem ela, tudo morre. O amor tem um desejo que logo se manifesta: o de nunca morrer e, conseqüentemente, se eternizar, tornando eternos os amantes.

A maior prova de amor – e a confirmação de que é autêntico – é sua capacidade de sair de si e se entregar sem medidas. Quem ama vai aprendendo também a perdoar, acolher, tolerar, suportar e às vezes sofrer, que são provas de amor. Ele deseja ser renovado a cada manhã, com a intensidade das grandes paixões. Transcende as palavras e, por trás de um "eu te amo" rotineiro, surge com força nova e transformadora. O mestre Jesus declarou:

Ninguém tem maior amor do que aquele que dá a vida pela pessoa que ama.

Saudade

6 de março

Aquele casal vivera mais de 50 anos juntos, renovando a cada manhã sua união com um beijo e um "eu te amo". O tempo, porém, não era igual para os dois, e ela morreu antes dele. O mundo então desabou para ele. Nada mais tinha sentido, nada mais tinha colorido e sabor. A vida, apesar de filhos, netos e amigos, era pura solidão. "Eu me sinto muito só", costumava repetir. A amada havia partido, e ele desejaria partir com ela. Partira, mas estava presente mais do que nunca, uma presença em forma de ausência profundamente sentida, uma presença em forma de saudade.

A partida da pessoa querida e a morte de quem amamos não conseguem matar o amor, porque ele não morre. E ele, que reclama presença, convoca a saudade para se aninhar nela e, assim, continuar habitando um corpo humano e povoando de boas recordações a vida de quem ama.

Sentir saudade é uma forma de amar.

Dar razão

Zezinho contava o caso de uma família – casal e filha – que brigava muito, indo parar na presença do padre. A esposa começou a se queixar do marido e da filha, numa ladainha sem fim. Quando parou para respirar, o velho padre lhe disse: "A senhora está coberta de razão". O marido, então, insurgiu-se contra o padre, desfiando um rosário de queixas contra a mulher e a filha, sem parar. Quando conseguiu interrompê-lo, o vigário o consolou: "O senhor tem razão". Levantou-se então a filha, já duplamente injuriada, e debulhou sua cantilena contra os pais, acusando o cura: "O senhor deu razão aos dois!". Sem duvidar, o padre confirmou, e acrescentou: "Você também tem razão".

Se esses três – e todos os que batem boca sem parar – reconhecessem a parcela de razão que há em cada pessoa, certamente entrariam em acordo e deixariam de brigar.

Ninguém tem o monopólio da verdade.

7 de março

Fé

8 de março

Costuma-se dizer que a fé move montanhas, e isso está ancorado na Bíblia. Na carta aos Hebreus, desfilam os campeões da fé – homens e mulheres que passaram à história como pessoas guiadas pela fé, não pela visão.

O ateu afirma não ter fé. Na verdade, não existe o ateu absoluto, pois mesmo que negue a existência de Deus, facilmente cria os próprios ídolos, como o dinheiro, o consumo etc., e neles ele crê piamente. Há pessoas com dificuldade de crer, pois ter fé – como se diz – é dar um salto no escuro, crendo que alguém vai amparar a gente. Querer acreditar já é o começo da caminhada de fé.

No evangelho de João, os sete sinais (milagres) realizados por Jesus têm como objetivo levar as pessoas à fé no Filho de Deus. É fácil ou difícil ter fé? Depende muito de cada pessoa. Alguns querem compreender para crer. Não seria melhor crer para compreender?

A FÉ É AO MESMO TEMPO DOM E CONQUISTA.

Idolatria

Quem é mais perigoso: o ateu ou o idólatra? Penso que seja o idólatra. O ateu nega a existência de Deus, o idólatra não, mas é mais cruel, pois manipula Deus, transformando-o num ídolo feito à sua imagem e semelhança.

Note-se a aberração: A Bíblia diz que o ser humano foi feito à imagem e semelhança divinas; o idólatra perverte esse estado de coisas, fazendo Deus à sua própria imagem e semelhança, um Deus manipulado ao sabor dos interesses do idólatra. E não estamos falando da velha e desgastada "adoração de imagens". Falamos, por exemplo, de "teologia da prosperidade", quando fazemos de Deus uma caderneta de poupança com lucro rápido e fácil.

Deus nunca pediu nada para si, ele não precisa de nossas poupanças nem está disposto a multiplicar o dinheiro que, às vezes, ingenuamente, as pessoas depositam nas mãos de gente inescrupulosa, gananciosa e venal.

9 de março

Paciência

10 de março

Fila do ônibus, fila no banco, fila no supermercado, trânsito congestionado, hora marcada mas não respeitada... tudo isso e muito mais nos deixa uma pilha de nervos, impacientes e estressados. Gostaríamos de que o trânsito se abrisse à nossa frente – só para nós – para que passássemos rapidamente. Pressa, bendita pressa! Pressa, maldita pressa! "Está com pressa? Passa por cima!" "Apressado come cru". "Devagar se vai longe"...

Para ter paciência neste mundo tão conturbado, é aconselhável munir-se de bom humor. Rir dos próprios erros, ter compaixão de si mesmo, para ter paciência com as irritações que vêm dos outros. Quem aprendeu a rir dos próprios defeitos está perto de ser pessoa sábia e paciente com o próximo. Algumas medidas ajudam a temperar com paciência cada dia da vida:

> DAR TEMPO AO TEMPO,
> NÃO QUERER TUDO PARA AMANHÃ,
> RESPEITAR O TEMPO DOS OUTROS
> E PROGRAMAR-SE COM TEMPO.

Inimigos

Bom seria se não tivéssemos inimigos, mas geralmente os temos, seja porque nossa atitude os criou, seja porque surgiram contra a nossa vontade. A pior coisa é ser inimigo de si mesmo, e esse talvez seja um fator que gera inimigos ao nosso redor.

É importante perguntar-me por que tenho inimigos, e depois buscar o modo certo de lidar com eles. Em primeiro lugar, meu inimigo também é um filho de Deus, feito à sua imagem e semelhança. Em segundo, como ser humano, também deseja ser respeitado e amado. Em terceiro, meu inimigo pode ser o espelho do meu eu interior.

O mestre Jesus deu a receita certa para lidar com os inimigos: perdoá-los, rezar por eles e amá-los. Já se disse que o amor transforma todas as coisas e, certamente, tem a capacidade de transformar o inimigo num irmão querido.

SE DESEJAMOS SER PERFEITOS
COMO O PAI CELESTE,
O JEITO É AMAR O INIMIGO.

Santos

12 de março

Os santos – canonizados ou não – são nossos grandes amigos no céu. São, segundo uma antiga tradição cristã, nossos intercessores. Isso não significa que roubem o lugar de Jesus Cristo, único mediador entre o Pai e a humanidade. É que há enorme diferença entre mediador e intercessor. Um não agride o outro, nem o elimina. Os santos não são ídolos, e prestar-lhes homenagem não constitui idolatria. Ídolo é algo que rouba e ocupa o lugar de Deus. Nenhum santo jamais teve essa pretensão; caso contrário, não seria declarado santo.

O culto aos santos não nos afasta de Deus, mas nos aproxima dele. Assim como gostamos de ter amigos na terra, é bom ter amigos no céu. Seria interessante que, desde pequenas, as crianças aprendessem a ser íntimas de algum santo ou santa, levando talvez o mesmo nome e desfrutando de sua proteção.

OS SANTOS NÃO ATRAPALHAM,
AO CONTRÁRIO, SOMAM FORÇAS
EM NOSSO CAMINHO.

Morte

Assunto difícil de encarar, melhor seria não falar dela. Que bom! Isso parece dizer que amamos muito a vida. Mas não devemos imitar o avestruz. Ela está aí, faz parte de nosso viver e é a maior prova de maturidade, pois ninguém a enfrentará por nós ou nos acompanhará para dar-nos coragem. Normalmente se morre sozinho, é uma experiência pessoal e intransferível, que não se repete.

A morte iguala a todos. Alguém dizia que quem bem vive bem morre. Não há, pois, melhor modo de encarar a morte do que viver bem, em plenitude, amar muito a vida, pois a fé na ressurreição do Senhor garante que, no duelo entre vida e morte, a vida prevalece. Amar a vida significa também abrir os olhos e perceber que ao nosso redor há tanta banalização, desde o seu surgir até o ocaso: abortos, fome, doenças, chacinas, drogas, impunidade, desrespeito aos anciãos...

13 de março

VIDA! SEJA ESTE O NOSSO GRITO
CONTRA A MORTE.

Fidelidade

14 de março

Fidelidade é uma das mais importantes características de Deus. O apóstolo Paulo afirma que Deus é fiel; e um salmo exalta o Senhor porque sua fidelidade é eterna. Supõe um compromisso, um contrato. A Bíblia fala de Aliança. Jesus é a suprema prova de que Deus é fiel às suas promessas e à Aliança estabelecida com a humanidade.

Nem sempre é fácil manter-se fiel ao compromisso assumido. Às vezes nos é pedida boa dose de heroísmo. Os mártires de ontem e de hoje são pessoas que levaram a fidelidade às conseqüências últimas.

Quem se compromete em ser fiel deve contar com bons e maus tempos, como se diz na fórmula de casamento: "Prometo ser fiel na alegria e na tristeza, na saúde e na doença...". Nossa sociedade pós-moderna não costuma valorizar a fidelidade.

Quem se faz fiel em qualquer circunstância
pode ter a alegria de se considerar
uma centelha divina.

Meio ambiente

O mundo é a casa que Deus construiu para a humanidade. A Bíblia o apresenta como jardim cujo cuidado e cultivo estão sob nossa responsabilidade. O que estamos fazendo com nossa casa? De jardim por natureza pode terminar em deserto que mata. Cuidar do meio ambiente é cuidar de nós próprios e do futuro das crianças.

A preocupação com o meio ambiente não é apenas um sentimento ecológico. É muito mais. Trata-se de um ato religioso, um modo de cultuar Deus. Uma reserva ecológica costuma ser chamada de santuário ecológico não só por abrigar seres ameaçados de extinção, mas por ser uma amostra do próprio Deus, fonte e origem de toda manifestação de vida. A vida que aí palpita começou a palpitar em Deus. A beleza que aí reside espelha a beleza divina.

> Lesar o meio ambiente
> é um ato de impiedade.
> Uma ação contra o respeito
> que devemos a Deus.

15 de março

Natureza

16 de março

Natureza é tudo o que nasce, tudo o que tem vida. Nós jamais rompemos o cordão umbilical com a natureza, e seria desastroso fazê-lo. A Bíblia, na simplicidade sábia de suas narrativas, afirma que o ser humano procede do solo fértil.

A terra é, portanto, nossa mãe, o comum útero de toda a humanidade. Viemos dela e a ela retornamos. A natureza tem seus tempos, as estações, que são também os nossos tempos, as etapas da vida. Cada estação tem suas peculiaridades e fascínio: flores, frutos, cores, climas próprios de cada estação.

Todos são chamados a adquirir a harmonia com a natureza. Quem é bem-sucedido nessa tarefa desfruta de intensa paz interior que se estende para fora. Francisco de Assis, nesse sentido, é exemplar: todas as coisas – animais, plantas, elementos – eram seus irmãos e irmãs: irmão lobo, irmão fogo, irmã água. Pessoas integradas e integradoras, amantes da vida e da natureza.

Sofrimento

As pessoas reagem diferentemente diante do sofrimento. Em primeiro lugar, ninguém, em sã consciência, deve buscá-lo ou provocá-lo nos outros. Embora não o queiramos, ele faz parte da vida de cada pessoa. Os orientais têm uma visão própria do sofrimento e saúdam a morte porque somente ela pode derrotá-lo.

Se não podemos evitar o sofrimento em nossa vida, a saída é aprender a lidar com ele sem perder o gosto de viver. Há pessoas que fazem dele novo ponto de partida: o sofrimento foi como que um aditivo, e elas se tornaram empreendedoras, mais resistentes, corajosas, humanas, tolerantes, pacientes; pois as fez agarrar-se à vida e às coisas essenciais, deixando de lado tudo o que tinha apenas aparência de valor.

17 de março

Quem, ao contrário, não soube lidar com o sofrimento, em vez de crescer como pessoa, diminuiu. E perdeu a grande chance de ser feliz.

Doença que cura

18 de março

Quando tudo corre bem para as pessoas, elas são tentadas a se considerarem onipotentes. Basta que algo ruim – uma doença – entre na vida delas sem bater à porta, que desabam de repente, como se tudo tivesse acabado para elas. Algumas doenças são fruto de nossas atitudes; outras permanecem um mistério que a ciência desvendará um dia.

Podemos, paradoxalmente, ser curados pela doença que nos visitou, pois ela tem o poder de desbancar nossa onipotência arrogante como se fura, com um alfinete, um balão inflado. E passamos a reconhecer-nos limitados e, aceitando os limites dos outros, aprendemos a valorizar mais a vida e os pequenos gestos de afeto e amizade, tornamo-nos mais humanos e sensíveis, mais seletivos quanto ao que serve ou não para viver bem. Em poucas palavras:

> Sentimo-nos mais felizes
> e realizados como pessoas
> do que quando parecíamos ocupar
> arrogantemente o lugar de Deus.

Honestidade

Às vezes vemos na mídia casos que se tornam sempre mais raros: pessoas que encontram bens – com os quais fariam seu pé-de-meia –, mas sem pestanejar procuram um jeito de fazer o achado voltar ao dono. Não são poucos os que consideram esse gesto estupidez, sinal de que a honestidade está cada vez mais ausente de nosso cotidiano. Em algumas pequenas cidades do interior ainda é possível dormir de portas abertas ou reaver algo perdido, pois os donos do alheio ainda não chegaram àquelas bandas.

O que faz com que a honestidade acabe banida de nossas relações? Como resgatá-la? Antes ainda, é preciso perguntar se, no país da "lei do Gérson", vale a pena ser justo e honesto. A pessoa honesta não deve nada a ninguém e não precisa temer, nem inventar desculpas de perseguição política para acobertar sua desonestidade.

Politicamente, temos uma arma temida pelos desonestos: o voto.

19 de março

Superar-se

20 de março

Os jogos olímpicos e paraolímpicos, bem como as competições esportivas em geral, são um manancial de exemplos de superação. Há inúmeras pessoas tidas como casos perdidos que se superaram e fizeram da doença ou das conseqüências de um acidente a grande chance de se tornarem vencedoras. Não lamentaram a vida, os reveses, nem se compararam com as pessoas saudáveis para destruírem sua auto-estima, mas foram à luta e se tornaram heroínas. Transformaram o fel em mel, a cruz em ressurreição, o aparente fracasso em desafio para saltar mais alto, tirando de dentro de si forças antes inimagináveis.

Sem querer ser masoquista, dá vontade de saudar os reveses da vida, pois são eles que despertam o herói adormecido dentro de toda pessoa. Conforme o velho chavão, receberam um limão e o transformaram em limonada. Não ficaram à beira do caminho, mas construíram o próprio futuro.

Temor de Deus

O temor de Deus é um dom do Espírito Santo. Quem não compreende corretamente esse tema transforma Deus num carrasco impiedoso e cruel. A Bíblia está repleta de citações contendo essa expressão, sobretudo nos livros chamados Sapienciais.

De fato, o temor de Deus é a porta de entrada da Sabedoria, não da erudição que se adquire nas escolas e nos livros. Pelo contrário, trata-se da Sabedoria da vida, aquela capacidade de equilíbrio interior que se expressa naquilo que fazemos.

Temer a Deus não é ter medo dele, mas respeitá-lo. Respeito não é servilismo, mas compromisso. Por exemplo: Ele nos fez livres e à sua imagem e semelhança. Temê-lo significa saber lidar com essas coisas, responsavelmente. Ele é Deus, nós somos apenas criaturas dele. O que significa temer a Deus nesse caso?

A ausência do temor de Deus tem conseqüências graves:
quem não o teme usurpa-lhe o posto.

Mansidão

22 de março

Mansidão é uma bem-aventurança, ou seja, um caminho para a felicidade. Jesus declarou felizes os mansos porque possuirão a terra. Como seria o mundo se todas as pessoas praticassem a mansidão? Em breves palavras, seria um mundo sem violência de nenhuma espécie: contra o ser humano, contra os outros seres, contra a natureza.

A pessoa que mais praticou a mansidão foi certamente Jesus, que se autodeclarou manso e humilde de coração. O paradoxo, contudo, está nisto: a pessoa mais mansa do mundo foi vítima da pior violência que possa existir: a crucificação.

Há um provérbio que diz: "Quando um não quer, dois não brigam". É, portanto, missão dos mansos desarmar com a mansidão os violentos. O manso é mais forte que o violento, pois este, ao agir com violência, está demonstrando fragilidade e medo, ao passo que:

O MANSO TEM EM SI A FORÇA DO AMOR
QUE DESARMA O VIOLENTO.

Justiça

O mestre Jesus tornou-se portador da justiça que faz acontecer o reinado de Deus. E recomendou às pessoas não prostituírem a justiça com os interesses dos poderosos. A justiça do reino não tem nada a ver com as invasões e ocupações dos países poderosos. Quem se orienta pelo mestre Jesus não compactua com a "justiça" do grande e poderoso, que faz suas próprias leis em detrimento do pequeno e do pobre.

Nas últimas décadas, a América Latina e o mundo de modo geral conheceram milhares de mártires. Enquanto houver mártires no mundo, é sinal de que ainda não alcançamos a justiça pregada e desejada por Jesus.

Se o mundo inteiro se unisse em torno da bandeira da justiça, que produz liberdade e vida para todos, mesmo sem reconhecê-lo ou professá-lo publicamente, o mundo poderia ser chamado de cristão.

> Não há religião verdadeira
> sem compromisso com a justiça.

Planejamento

24 de março

Ninguém vive sem planejamento. Em nível internacional, há os grandes blocos econômicos e de mercado; cada país tem seu ministério do planejamento; toda empresa, para sobreviver e crescer, tem de planejar; a família planeja de muitos modos, e cada pessoa anda munida de sua agenda de planos ou planejamentos. Que bom sermos pessoas que planejam!

A Bíblia, contudo, diz que "o homem planeja o seu caminho, mas é Deus quem lhe dirige os passos". Zezinho contou-me que sua mãe costumava dizer: "O homem propõe e Deus dispõe".

Deus não dispõe sem que a pessoa proponha, ou seja, planeje. E o ser humano não deveria propor sem a consciência de que é Deus quem dispõe, isto é, quem lhe dirige os passos. Na única oração que deixou à humanidade, o mestre Jesus ensinou unir duas coisas: a vontade do Pai e a nossa disposição em colaborar com ela. Além de ordenar dizer ao Pai "seja feita a vossa vontade".

Sinceridade

Há um salmo que começa gritando socorro a Deus porque a lealdade está desaparecendo nas relações entre as pessoas. Cada qual mente a seu próximo com segundas intenções. É um aviso tremendo: quando falta sinceridade, cresce a corrupção, manifesta-se a injustiça, todas as relações acabam contaminadas, a sociedade torna-se um caos, o homem é lobo para o outro homem, tudo se torna um deus-nos-acuda. É o grito do salmo, criado por quem ainda acreditava na força da sinceridade, que é o espaço mais curto e reto entre duas pessoas.

Você quer manter uma relação na qual vê futuro? Pratique a sinceridade. Ser sincero às vezes é não ser simpático: muitas vezes a sinceridade vai contra as etiquetas e o politicamente correto. É como se diz: a verdade dói, mas liberta.

25 de março

QUEM É SINCERO NÃO PRECISA SE PREOCUPAR
COM AS MENTIRAS,
ESSAS INIMIGAS DA SINCERIDADE QUE SEMPRE
TIVERAM PERNAS CURTAS.

Bom senso

26 de março

Bom senso não se compra em farmácia nem se adquire freqüentando uma faculdade. Há pessoas que não tiverem acesso à escolaridade e são boas donas-de-casa, excelentes pais, bons comerciantes, administradores competentes – pessoas capazes de se relacionar bem com todos... simplesmente porque trilharam o caminho do bom senso.

Quem não sabe que violência gera violência, que o bem deve ser buscado e o mal evitado? Isso é bom senso. Os provérbios que encontramos na Bíblia e em nossa cultura são fruto do bom senso popular. Foram criados por pessoas sem erudição, mas com boa dose de bom senso, que produz sabedoria. O bom senso me diz que devo evitar fazer ao próximo o que não desejo que me façam e tratar os outros como gostaria que me tratassem.

Um estudioso sem bom senso
torna-se insensato,
e um iletrado com bom senso,
sábio e guia de muitas pessoas.

Medir palavras

A pessoa sábia mede as próprias palavras. Se for verdade que às vezes temos o direito de desabafar, também o será que o turbilhão de palavras não medidas pode nos condenar ou revelar o lado bandido e marginal oculto dentro de cada pessoa. Quem mede as palavras que diz raramente tem de voltar atrás ou pedir desculpas. Evita o previsto pelo ditado: "Quem fala o que quer, acaba escutando o que não quer".

Quando medimos as palavras, evitamos sofrimento aos outros. De fato, quem fala logo esquece, mas quem foi ofendido por palavras não consegue esquecer com facilidade. O mesmo se diga de quem bate ou fere.

A Bíblia aconselha sermos pessoas de poucas palavras e muita reflexão. Não nos tornamos mais importantes ou famosos pelo muito falar. Aliás, o mestre Jesus aconselhou a poupar palavras também nas orações, pois:

> Não é o palavreado excessivo
> que nos garante diante de Deus.

Nobreza

28 de março

Nobreza não é título de classe, mas tipo de caráter. Não se nasce nobre, porque nobreza não se transmite por hereditariedade. Lá se vão longe os tempos de monarquia, em que nobreza era privilégio de classe, mesmo que o caráter nobre estivesse distante anos-luz.

Nobre é a pessoa magnânima (que tem ânimo grande), generosa e longânime. Nobre é aquele pobre que me olhou com ternura na rua e, sorrindo e pulando de alegria, espantou meu mau humor. Pobre é aquela pessoa rica que passou por mim em seu carro importado, vidros escurecidos com *insulfilm*, que quase atropelou uma anciã sobre a faixa de pedestres.

Dinheiro não compra nobreza. Ela vem do caráter da pessoa, de sua alma que não é pequena, como afirmava o poeta. A pessoa nobre é como a pérola que caiu na lama: não perde o valor.

Conviver com pessoas nobres
é muito bom;
é como morar num palácio real.

Autodomínio

Um grupo de amigos discutia sobre qual animal é mais difícil de se dominar. E apareceram vários candidatos: o leão, por ser o mais forte; o elefante, por ser o mais pesado; o búfalo, por ser o mais selvagem... Mas todos acabaram concordando que o animal mais difícil de se dominar é o ser humano. Portanto, o autodomínio é uma das tarefas mais empenháveis da vida. E não se trata de um homem dominar outro homem, mas da própria pessoa dominar seu lado bruto, selvagem, anti-social.

Em situações de violência, pensamos que fraca seja aquela pessoa que não consegue responder com violência ainda maior. Puro engano. Numa situação dessas, forte é a pessoa que tem autodomínio, e fraco é quem age violentamente, seja com a violência das armas, seja das palavras ou de qualquer outro meio.

25 de março

> O FRACO REVELA SUA FRAQUEZA
> AGINDO COM VIOLÊNCIA;
> O FORTE DEMONSTRA SUA FORÇA NO
> AUTODOMÍNIO, QUE PÕE FIM À VIOLÊNCIA.

Fraternidade

30 de março

Fraternidade é um dos mais nobres sentimentos. Os primeiros cristãos costumavam chamar-se "irmãos" por causa do amor fraterno que permeava todas as relações. Ela nasce da constatação de que tudo e todos saíram das mãos do mesmo Criador, que é Pai de todos. Se o Deus único é origem da vida de tudo, decorre daí que o mundo é uma grande família na qual Deus é o Pai comum. E todos – sem exceção – desfrutam o *status* de irmão, sem privilégios para uns ou exclusão para outros.

Quando esse sentimento habita nossas casas, acontece aquilo que a Bíblia diz: "É melhor um pedaço de pão seco na tranqüilidade do que a casa cheia de banquetes e brigas". E ainda: "É melhor um prato de verdura, com amor, que um boi cevado, com rancor". O apóstolo Paulo, conhecedor das conseqüências da fraternidade, aconselhou os cristãos de Roma:

TENHAM UNS PARA COM OS OUTROS
ESTA ÚNICA DÍVIDA: O AMOR.

Amigos

Amigos são o melhor presente que se possa receber. A Bíblia diz que são um tesouro, perfume excelente. Cada amigo é diferente, e saber reconhecê-lo é sinal de sabedoria. Um sábio oriental garante que quem não tem amigos é infeliz, porém mais infeliz ainda é quem os teve e os perdeu por não ter sabido cultivá-los.

A Bíblia garante que um amigo ama em qualquer tempo e circunstância. Agradeça sempre a Deus os amigos que colocou no seu caminho, e trate-os como faz com o próprio Deus. Eles nos consolam no sofrimento, partilham nossa alegria, fazendo-nos transbordar. A eles entregamos a chave de nosso coração, e aqueles que são verdadeiros não entram sozinhos; e se entram, é com respeito, como quando se adentra numa igreja. Não permita que alguém fale mal dos seus amigos na ausência deles. Defenda-os, mesmo sabendo que não são perfeitos, pois:

>Ser amigo comporta
>uma dose de cumplicidade.

Coração alegre

1º de abril

Muitas doenças são filhas do mau humor: da cara fechada, incapaz de sorrir. A pessoa doente que tem espírito alegre e otimista tem muito mais chance de sarar do que os pessimistas que se fecham em si mesmos, incubando a própria enfermidade.

A Bíblia diz que "coração alegre ajuda a sarar, mas espírito abatido seca os ossos". Para o povo da Bíblia, o coração representa a consciência. Portanto, ter coração alegre significa fazer opção pela alegria, pelo otimismo, por coisas positivas. Essas escolhas nos tornam pessoas positivas, sociáveis, perto das quais vale a pena estar e viver.

O oposto também é verdade: a pessoa negativa afasta amigos. A positividade, a alegria, o bom humor fazem bem para a alma e também para o corpo, a pele, o fígado, o intestino... Silenciosamente esses órgãos nos agradecem, funcionando regularmente e bem.

Não permita que a tristeza seja sua hóspede.

Centrado

Excêntrico é uma "peça de máquina que gira em torno de um ponto situado fora do seu centro geométrico e que, por isso, transforma um movimento de rotação em outro de diversa natureza". Muito usado na construção civil, ajuda a assentar o concreto, eliminando as bolhas de ar.

Uma pessoa excêntrica não é apenas extravagante, mas sobretudo alguém que infelizmente não encontrou seu eixo, seu centro. Por isso podemos afirmar que a vida é uma viagem que empreendemos para o nosso centro, o ponto de equilíbrio de cada pessoa, sem o qual o ser humano gira como o excêntrico e, o que é pior, pouco de bom consegue produzir para si e para os outros.

Quem alcançou o próprio centro torna-se capaz de compreender e suportar os outros. Produz sabedoria para si e para os demais. É muito bom encontrar pessoas que fizeram essa viagem e conquistaram o próprio centro.

2 de abril

Têmenos

3 de abril

Têmenos "é recinto que delimita e ao mesmo tempo faz substituir o espaço do sagrado". Creio que Deus pôs em cada pessoa um têmenos, um recinto sagrado onde ele habita, à espera de que nós descubramos o caminho para chegar ao fundo de nossa alma e aí encontrar Deus.

Ninguém deve ter acesso a seu têmenos – o jardim do Éden interior – se você não permitir. E caso permita, escolha bem as pessoas, pois devem entrar nesse santuário sem profaná-lo, descalços e despojados como Moisés diante da sarça ardente.

Quem tem acesso ao têmenos do seu semelhante só pode entrar se estiver revestido de respeito e despojado dos preconceitos. O apóstolo Paulo afirmou coisa semelhante ao dizer que o corpo humano é santuário do Espírito Santo, e esse santuário é merecedor de todo o respeito.

ÀS VEZES NOS DEBATEMOS E FICAMOS ANGUSTIADOS PARA SABER ONDE ESTÁ DEUS, E ELE ESTÁ NO MAIS ÍNTIMO DE CADA SER.

Rir das limitações

É próprio dos jovens pensar e agir como se não existissem limitações, pois se deixam orientar pela imagem do herói invicto. Quanto mais adrenalina, melhor. Quanto mais superam obstáculos, mais se sentem homem ou mulher. Viver sem limites é que é viver. Mas nem sempre é assim. Passada a fase do herói que tudo pode e consegue, a pessoa tem de cair na real e fazer as contas com o impossível e as limitações. Aproxima-se rapidamente a fase do sábio.

Não é preciso ser herói que tudo pode; é hora de deixar o herói invicto e tornar-se o sábio que sabe como lidar com os limites, sem ser por eles derrotado. Enquanto subsistir algum traço do herói invicto, a pessoa se irrita com os limites e acha que a vida não vale mais a pena. Quando, porém, o sábio prevalece:

Aprendemos a rir dos próprios
problemas e limitações,
e nos tornamos heróis estrategistas, que
vencem as limitações rindo delas.

4 de abril

Ecumenismo

5 de abril

Se as religiões do mundo começarem a discutir entre si a partir dos dogmas intocáveis de cada uma delas, dificilmente o diálogo prosseguirá, com o risco de haver demonizações recíprocas.

O caminho mais curto e viável é que se chegue a denominadores comuns a todas as religiões, por exemplo: a vida para todos, a verdade acima de tudo, a justiça que não lesa ninguém, a fraternidade que iguala a todos. Aí, sim, conseguiremos alcançar o ecumenismo verdadeiro, não apoiado nos dogmas, mas na comum promoção do ser humano.

Todos fomos feitos à imagem e semelhança de Deus; e devolver o ser humano a Deus, seu único e verdadeiro Senhor, parece ser objetivo comum a todas as religiões. Quando isso acontecer, mesmo sem declarar-se, o mundo inteiro poderá ser considerado cristão. Um escritor cristão dos primeiros séculos deixou escrito que:

A GLÓRIA DE DEUS É O SER HUMANO VIVO.

Expectativas

Zezinho me contava de certa pessoa refém das próprias expectativas. No dia do seu aniversário, recebeu muitos telefonemas, cartões, e-mails, abraços e cumprimentos pessoais, demonstrando ser bem relacionada e querida, geradora de alegria e felicidade para os outros.

Passado o dia do aniversário, entrou em depressão simplesmente porque uma pessoa esqueceu o seu dia. De nada adiantaram tantos gestos de carinho de tantas pessoas. Dava a impressão de ter passado um aniversário horrível, só porque uma pessoa se esqueceu de ligar.

As expectativas que alimentamos em relação aos outros, se não nos matam, põem a perder muitas coisas boas, fazendo-nos ver apenas o que eventualmente falta, e não o tanto que já conquistamos. Se essa pessoa estivesse livre das expectativas, certamente se alegraria com cada gesto de afeto, na gratuidade, e esqueceria o fato de alguém ter esquecido seu aniversário.

Lealdade

7 de abril

Costuma-se dizer que "o cachorro é o melhor amigo do homem". Isso, contudo, é um elogio para o cachorro e um puxão de orelhas para o homem. Por que não é o homem o melhor amigo do homem? Ao contrário, chega-se a afirmar que "o homem é lobo para o homem". Infelizmente.

Como seres humanos portadores de *status* que nos iguala, deveríamos ser radicalmente leais ao próximo, mesmo conhecendo todas as mazelas e misérias próprias do ser humano. Alguém disse não se espantar com nada daquilo que o ser humano é capaz de fazer. Se não descambar para a resignação, esse princípio pode ser a porta de entrada para a lealdade.

Na Bíblia, Deus se mostra radicalmente leal ao povo de Israel, não porque este fosse melhor que os outros povos – pelo contrário –, mas porque:

A LEALDADE É CARACTERÍSTICA
INDISCUTÍVEL DO PRÓPRIO DEUS –
E DEVERIA SER DOS HUMANOS IGUALMENTE.

Integração

Cada pessoa é um misto de luz e sombra, de virtude e vício; ao alcance dela está fazer o bem e o mal. Às vezes, como dizia o apóstolo Paulo, fazemos o mal que não queremos, deixando de praticar o bem que desejamos. E nos angustiamos pela nossa sombra, e nossa angústia vem à tona nos pesadelos ou sonhos, janelas de nossa alma. Aqueles que negam a própria sombra a projetam nos outros, tornando-lhes difícil a vida.

Quem, ao contrário, se esforça por conhecer e integrar sua sombra, beneficia a si mesmo e enriquece os outros. O apóstolo Paulo afirmava: "Sabemos que todas as coisas concorrem para o bem dos que amam a Deus, daqueles que são chamados segundo o projeto dele". Tudo concorre para o nosso bem, até nosso mundo sombrio – os erros, as quedas –, desde que aprendamos a integrá-lo em nossa caminhada. Além disso, sabemos que:

Deus escreve direito por linhas tortas.

8 de abril

Perdas

9 de abril

Nem sempre as pessoas sabem lidar corretamente com as perdas. E por não sabê-lo, acabam se perdendo. Há pessoas que morrem com seus mortos, perdendo o gosto e o sentido da vida. Isso porque depositaram o gosto e o sentido da vida em outra pessoa, e não os buscaram dentro de si.

Quando superamos o drama das perdas e as cicatrizes já não doem, damo-nos conta de que afinal essa perda não era tão dramática nem fatal. E podemos sair reforçados dessa situação, aprendendo a valorizar mais as pessoas antes de perdê-las.

As perdas são significativas, mas não pretendem ser fatais. Elas o serão somente se com elas nos perdermos. Ninguém vive sem perdas e, à medida que avançamos na idade, elas costumam ser mais freqüentes.

A PESSOA MADURA E SÁBIA COMPREENDE AS PERDAS HUMANAS COMO PARTE DO PROCESSO DO VIVER. E APRENDE A TIRAR DELAS ENSINAMENTOS PARA SI E PARA OS OUTROS.

Transformação

De época em época trocamos todas as nossas células, e nosso corpo sofre transformações. Também nos transformamos na mente, pois a transformação é parte do processo de maturação para a vida. Num dos prefácios dos mortos, reza-se que com a morte "nossa vida não nos é tirada, mas transformada".

A transformação, portanto, é essencial ao nosso viver e quem diria, pertence também ao nosso morrer. Quem não se transforma acaba se deformando. A palavra grega usada para conversão é metanóia, ou seja, mudança – transformação de mentalidade.

O apóstolo Paulo estimulava os cristãos de Roma a não se conformarem com as estruturas deste mundo, mas se transformarem pela renovação da mente, a fim de distinguir qual é a vontade de Deus, o que é bom, agradável e perfeito para ele. O mundo anda tão velozmente que quem não se transforma acaba perdendo o passo.

10 de abril

Dosagem certa

11 de abril

Vivemos tempos sob certos aspectos contraditórios. De um lado, escravos de dietas, devoradores de revistas e temas de alimentação saudável. De outro, vítimas da fome que, se recebessem metade do que ingerem os comedores compulsivos e obesos, certamente sobreviveriam.

A moderação é a virtude do equilíbrio, não apenas na alimentação, mas em todas as instâncias da vida. Beba com moderação. Coma com moderação. O próprio apóstolo Paulo aconselhava seu amigo Timóteo a tomar um pouco de vinho por causa do estômago. A moderação dificilmente faz mal às pessoas.

Um livro da Bíblia afirma que até o excessivo estudo cansa o corpo. Muitas doenças nascem do excesso de comida ou da falta dela, ou do abuso apenas de um tipo de alimento. O Pai celeste fez as coisas bem-feitas e prontas para que desfrutemos delas com moderação.

COMIDA BALANCEADA NÃO FAZ MAL.

Consciência

A consciência de cada pessoa é sagrada. Profaná-la é como macular um recinto sagrado. Há consciências esclarecidas e outras fracas. O esclarecido não pode tripudiar do fraco e este não precisa gloriar-se de sua fraqueza nem se acomodar. O confronto com os outros vai burilando as consciências, e cada pessoa, diante da própria consciência, não deve pretender esconder o sol com a peneira.

O apóstolo Paulo ensinava a ter profundo respeito pela consciência do próximo e não abrir mão das próprias convicções, apesar de às vezes termos de guardá-las no mais íntimo de nós mesmos: "Guarde para você, diante de Deus, a convicção que você tem. Feliz aquele que não condena a si mesmo na decisão que toma... e tudo o que não provém de uma convicção é pecado".

12 de abril

> QUANTO MAIS AS PESSOAS ESTIVEREM
> ABERTAS E DISPONÍVEIS A ESCUTAR, TANTO
> MAIS ESCLARECIDA E RENOVADA SERÁ
> A CONSCIÊNCIA DELAS.

Serviço

13 de abril

Serviço é aquilo que transforma uma profissão em vocação. De fato, a dimensão do serviço faz com que um trabalho profissional deixe de ser simplesmente um ganha-pão para se tornar entrega para o bem dos outros. Exemplo insuperável de serviço é o mestre Jesus. Ele afirmou que não veio para ser servido, mas para dar sua vida como resgate em favor de todos.

Quando fazemos as coisas com o espírito de serviço, o menor gesto se torna grandioso e divino, porque foi feito com intenção de servir. Já se disse num trocadilho, "quem não vive para servir não serve para viver".

Um dos grandes servidores da humanidade foi o apóstolo Paulo. Para ele, evangelizar não era privilégio nem profissão. Considerava tudo uma missão, um serviço, a ponto de dizer que fez tudo para todos para salvar alguns a qualquer custo. Mais ainda, costumava dizer:

> AI DE MIM SE EU NÃO ANUNCIAR
> O EVANGELHO DE CRISTO.

Intimidade

14 de abril

Há um provérbio árabe que afirma: "Quem não compreende um olhar também não compreenderá uma longa explicação". Alguns olhares revelam a intimidade da mesma forma que janelas abertas mostram o que existe dentro de casa.

Compreender um olhar é entender de intimidade. Se você se tornou íntimo de alguém ou vice-versa, não revele aos outros a intimidade de vocês dois. Seria a pior traição. A Bíblia diz que revelar intimidades é o modo mais simples e rápido de perder amigos. Conservando-as, conservam-se os amigos.

Na medida do possível, evite pessoas que gostam de revelar intimidades dos outros. Quem as declara é como se rasgasse a alma do próximo; e não se rasga impunemente a alma de alguém. A Bíblia aconselha a ter intimidade com poucas pessoas.

O MESTRE JESUS ERA ÍNTIMO
DO DISCÍPULO AMADO,
A PONTO DE ESTE PODER RECLINAR A CABEÇA
SOBRE O PEITO DO MESTRE.

Reconhecimento

15 de abril

Já foi dito que "é bom ser importante, mas é mais importante ser bom". A pessoa boa, entre tantas qualidades, sabe cultivar o reconhecimento, pois, tendo o bem dentro de si, o reconhece nas palavras e gestos dos outros.

Desde crianças, aprendemos a dizer "muito obrigado" a quem nos fez o bem. O ingrato, que só pensa em si e em ter mais, quando recebe algo de alguém, pensa que essa pessoa não fez mais que a obrigação. O ingrato, por mais presentes que receba, nunca está satisfeito nem se abre ao reconhecimento e à gratidão.

O evangelho de Lucas conta o episódio de dez leprosos curados por Jesus. Apenas um voltou para agradecer o dom da cura. O apóstolo Paulo, além de recomendar aos cristãos que sejam agradecidos, tem palavras de profundo reconhecimento a Deus e às comunidades que o ajudaram em momentos difíceis, como quando estava acorrentado na cadeia.

Compaixão

Compaixão significa "padecer com", solidarizar-se. O apóstolo Paulo recomendava alegrar-se com quem se alegra e chorar com os que choram. A pessoa compassiva faz o bem sem olhar a quem, pois a compaixão não estabelece limites nem fronteiras e não depende de raça ou de religião.

Jesus contou a história de um samaritano – considerado herege pelos judeus – que encontra seu pior inimigo caído à beira do caminho e se enche de compaixão por ele. Ter compaixão dos amigos e parentes é relativamente fácil. Mas compadecer-se do inimigo e ajudá-lo a se levantar e dar-lhe condições de continuar vivendo com dignidade é mais que humano, é divino.

O evangelho de Lucas apresenta a "trindade da compaixão": Jesus, que se compadece diante da viúva de Naim, que perdera o único filho; o pai do "filho pródigo", que representa o próprio Deus, e o "bom samaritano", que faz da compaixão a sua religião.

16 de abril

Ditaduras

17 de abril

Não existem apenas ditaduras militares ou regimes totalitaristas. Muitas pessoas, por vontade própria, por conveniência ou por obrigação, se submetem a férreas ditaduras que as escravizam. Uma delas é a moda. Quantos gastos e sacrifícios, como se a pessoa só fosse feliz se estivesse na moda. Quanta idolatria nas *fashion weeks*. Quanto sacrifício das magrelas modelos, apesar de bem pagas...

Jesus mandou contemplar os lírios do campo, que Deus veste com mais esplendor que o extravagante Salomão. E o que dizer da ditadura das dietas? Jesus mandou perguntar aos pardais quem os alimenta. E a ditadura da beleza, agora escravizando também os homens? Entramos numa farmácia, drogaria ou perfumaria, e nos damos conta de quão grande é esse ídolo.

AS PESSOAS SE ESQUECEM DE QUE EXISTE OUTRO TIPO DE BELEZA, AQUELA QUE BRILHA DE DENTRO PARA FORA E NÃO SE DEIXA ESCRAVIZAR POR NADA NEM NINGUÉM.

Altruísmo

Há um dito que explica o que é altruísmo: "A árvore, quando está sendo cortada, observa com tristeza que o cabo do machado é de madeira". Altruísmo é o oposto do egoísmo. Este coloca no centro de tudo o "eu", fazendo todas as coisas convergirem para ele.

O altruísmo põe no centro das atenções o *alter*, o outro, canalizando para ele as atenções. O caminho do egoísta é de fora para dentro, ao passo que o do altruísta é de dentro para fora. O egoísta concentra, o altruísta partilha. O egoísta crê ser o umbigo do mundo, o altruísta considera todos igualmente importantes. O mestre Jesus é o mais sublime exemplo de altruísmo, porque se esvaziou completamente, assumiu a condição de servidor e deu a vida para que todos a pudessem ter em abundância.

> O EGOÍSTA CONSIDERA UM COPO D'ÁGUA
> INSUFICIENTE PARA SACIAR-LHE A SEDE.
> O ALTRUÍSTA, COM UM COPO D'ÁGUA,
> SACIA A PRÓPRIA SEDE E A DO OUTRO.

18 de abril

Generosidade

19 de abril

Tenho a impressão de que em nosso vocabulário há mais sinônimos e expressões idiomáticas para caracterizar o mesquinho do que seu oposto: a pessoa generosa. Isso é sintomático e pode representar o seguinte: em geral, é mais comum depararmos com a mesquinhez do que com a generosidade. O bom Pai do céu foi muito generoso ao criar todas as coisas. E generosas são suas criaturas, como o mar, a terra, o sol, a água e tantos outros elementos.

O apóstolo Paulo estimula os cristãos a serem generosos, mostrando o exemplo do Senhor Jesus: ele era rico, mas fez-se pobre para com sua pobreza enriquecer muitas pessoas. Ele diz também: "Quem semeia com mesquinhez, mesquinhez colherá; quem semeia com generosidade, com generosidade ceifará". Além disso, afirma que:

DEUS AMA A QUEM SE DOA COM ALEGRIA.
E PODERÍAMOS ACRESCENTAR:
COM GENEROSIDADE.

Meditar

20 de abril

Alguns podem ser levados a pensar que meditação é coisa de monges orientais ou de padres e freiras; ou, ainda, pura perda de tempo neste mundo agitado que eleva o ganho à dignidade de Deus. Puro engano. Meditar deveria ser compromisso de toda pessoa, cristã, budista ou seja lá o que for.

A meditação faz bem ao espírito, refresca a mente, alivia as tensões do corpo. Se dedicarmos diariamente alguns minutos para meditar – no ônibus, metrô, carro, igreja, parque, seja lá onde for –, correremos menos riscos de nos prejudicar. E não contribuiremos para tornar difícil a vida dos outros. Assim como é saudável exercitar o corpo caminhando, fazendo academia, nadando etc., é salutar para a mente e para o espírito meditar todos os dias.

Meditar é o caminho mais simples
e seguro para a pessoa
se conhecer em profundidade
e se relacionar bem com o próximo.

Perder tempo

Somos portadores da síndrome do não perder nenhum segundo. E corremos, nos estressamos, dormimos ao volante porque não podemos perder tempo. Tornamo-nos uma pilha de nervos. As crianças andam estressadas porque, além da escola, têm natação e aula de computação, línguas e música...

Muitas empresas já descobriram que permitir a seus funcionários "perder tempo" durante o serviço para breves exercícios físicos é ganhar tempo e dinheiro. Às vezes perder tempo é ganhar saúde, e querer ganhar tempo é perder amigos.

Somos donos ou escravos do tempo? Algumas pessoas pensam que o não ter tempo lhes confira *status* de gente importante. Será verdade? A natureza está à sua espera para que você perca com ela um pouco de tempo. Os bichos também. Sabe o que eles lhe dão de recompensa? Uma boa dose de humanidade. Você se torna mais humano.

Animais

Em certas metrópoles, há mais *pet shops* do que padarias. Andando aos domingos pelos parques de nossas cidades, deparamo-nos com um número maior de cães que de crianças. Nada contra quem tem seu cãozinho de estimação. Cuidando bem dos bichos, nós nos humanizamos mais. Parece um paradoxo, mas é verdade: os bichos nos ensinam a ser mais humanos. Alguns santos são representados acompanhados de animais: são Roque e seu cão, santo Isidoro com os bois, santo Antão com um rechonchudo porquinho, são Francisco com as cândidas pombas...

O que pensar de tudo isso? A consciência ecológica nos proporciona uma nova visão das coisas criadas. Mas continuamos fortemente míopes quando se trata de ver o homem-bicho que não tem onde morar, nem o que comer ou vestir. Inverteram-se as prioridades, e já não sabemos o que significa dizer "eta vida de cachorro!".

22 de abril

Maria

23 de abril

A mãe de Jesus ocupa lugar especial na vida de muitos cristãos. Outros se incomodam com ela, mas quando perguntamos por que Maria os incomoda, não respondem ou não são convincentes. Fato é que ela está aí, bem presente na devoção ou na rejeição. Tirá-la do universo simbólico cristão é mexer com sentimentos profundos das pessoas, como se arrancássemos as raízes.

É verdade que as supostas aparições dela e algumas coisas que ela teria dito parecem mais fruto da fantasia das pessoas do que palavras dela mesma. Acima de tudo isso se deve olhar para a Maria dos evangelhos. Nenhuma suposta visão, aparição ou revelação conseguirá ofuscar aquela Mulher retratada pelos evangelistas. Lá ela é mãe, discípula de Deus e servidora da humanidade.

O CORAJOSO HINO DE LOUVOR DE MARIA, CONHECIDO COMO *MAGNIFICAT*, NÃO PODE SER ESQUECIDO NEM TROCADO POR QUAISQUER SUPOSTAS PALAVRAS SUAS.

Mulheres

Atualmente, o contingente de mulheres é maior que o de homens. Dizem os antropólogos e psicólogos que, em certa época da Antigüidade, as sociedades eram governadas por mulheres, e havia mais paz e menos desigualdade. Hoje se constata que quase não há mulheres entre os agentes da violência urbana, e as vítimas são em grande maioria rapazes ou homens adultos.

Alguns grupos feministas exacerbaram sua postura, como se o feminino pudesse dispensar o masculino para uma vida integrada. Passada a época turbulenta, nota-se que a mulher vai pouco a pouco reencontrando sua identidade, deixando a amarga impressão de que o homem é que anda perdido.

No campo religioso, as mulheres são maioria esmagadora, e muitas sonham com o tempo em que se abram mais espaços para sua ação nas igrejas.

24 de abril

O MESTRE JESUS QUEBROU TABUS SECULARES NO RELACIONAMENTO COM MULHERES.

Terceira idade

25 de abril

O ídolo mercado considera improdutivo quem passou dos 40 anos, fazendo soar o alarme para a terceira idade. A expectativa de vida cresce em todos os países, ultrapassando a casa dos 80 em alguns deles. Isso significa que, em geral, a pessoas têm mais de 20 anos de terceira idade – chamada de a melhor idade.

Com a diminuição das taxas de natalidade, aumenta o número de idosos em quase todos os países. A Bíblia identifica a terceira idade com os cabelos brancos e com a sabedoria, e ensina a respeitar o idoso por tudo aquilo que representa. Mais ainda, afirma que cuidar dos pais – sobretudo se perderam o uso da razão – é ato que apaga os pecados, substituindo os sacrifícios de animais.

O mestre Jesus pôs em primeiro lugar a "piedade filial", considerando ofensa a Deus querer tirar os benefícios dos pais para oferecer sacrifícios a Deus, que não se deixa subornar.

Ponderação

Ponderação vem do latim *ponderatio* (pesagem), palavra que envolve *pondus*, o peso no prato da balança: num prato, o produto a ser pesado; no outro, o *pondus*, para determinar o seu peso. Ponderação é a arte de "pesar" em sentido figurado.

A pessoa ponderada avalia antes de se pronunciar ou tomar decisões, para não se dar mal, cometendo imprudências. O mestre Jesus recomendava, usando outra metáfora: "Tenham sal em vocês mesmos".

O apóstolo Paulo dizia a uma das comunidades que fundou: "Examinem tudo e fiquem com o que é bom". Voltando aos pratos da balança, ponderada é a pessoa equilibrada entre o que pensa e o que fala, entre o que fala e o que faz. Pondere, portanto, suas palavras (pense 7 vezes antes de falar) e ações, para não se tornar pessoa destemperada. Palavras ponderadas valem mais que ouro, e quem as profere é reconhecidamente sábio.

26 de abril

AÇÕES PONDERADAS SÃO SEMPRE
BEM-SUCEDIDAS,
E QUEM AS PRATICA
NÃO TEM QUE VOLTAR ATRÁS.

Franqueza

27 de abril

Franqueza vem de franco, e franco vem do frâncico e significa "livre", "isento", "liberal", "dadivoso" (por serem os francos, dominadores da Gália, isentos de tributos). Franqueza, portanto, é a característica de quem é franco e, além de liberalidade e generosidade, significa sinceridade, lisura, lealdade. No grupo de Jesus, conhecido como "os doze apóstolos", havia um que não possuía essa característica: Judas Iscariotes, que era ladrão.

O apóstolo Paulo, numa de suas cartas, afirma ter agido sempre com franqueza, e os próprios cristãos eram testemunhas de sua lisura. Mas nem sempre as pessoas lêem em profundidade o íntimo do próximo. Nesse caso, Paulo apela para o testemunho de Deus. Neste mundo de rabos presos, não é fácil ser franco. Num salmo, pedimos a Deus:

SONDA-ME, Ó DEUS,
E CONHECE O MEU CAMINHO.
VÊ SE NÃO ANDO POR CAMINHO FATAL,
E CONDUZE-ME PELO CAMINHO ETERNO.

Fortaleza

Fortaleza, à primeira vista, recorda uma imagem militar – uma espécie de cidadela – e pode passar a impressão de que seja arma dos robustos leões-de-chácara, ou de seguranças pessoais, ou ainda de praticantes de halteres. Às vezes acontece exatamente o contrário: por exibirem tamanha força é que se revelam extremamente frágeis. Pura massa muscular, e ponto. A fortaleza de uma pessoa não se mede pelo exterior, mas brota de dentro.

Pessoas fisicamente frágeis podem ostentar grande força interior, pois fortaleza vem do caráter. Não se caracterizam pelo caráter dominador, pois a fortaleza se aninha no ânimo do ser humano. O mestre Jesus deve ter sido fisicamente frágil, mas seu caráter e seu ânimo nunca se abateram – ele possuía a fortaleza de modo ímpar.

Na Bíblia, os fragilizados experimentam Deus como fortaleza, isto é, amparo seguro para quantos nele se refugiam da arrogância dos prepotentes.

28 de abril

Correção

29 de abril

Na década de 1960, surgiu a geração do "é proibido proibir", e décadas após colhemos os frutos: uma nova geração que se acreditava onipotente e todo-poderosa.

A Bíblia fala de correção como algo necessário para a educação da pessoa, diríamos hoje, para a cidadania. Deixando de lado o aspecto do castigo, a Bíblia não dispensa a correção como parte da formação integral da pessoa e diz que é um gesto de amor; rejeitá-la é rebeldia. Correção, em termos religiosos, está muito perto de conversão. E para nossa mudança de rumo, ou para melhor acerto das passadas, temos a Palavra de Deus, lâmpada para os pés.

Na celebração eucarística, começa-se sempre pedindo perdão, sinal evidente de aceitação da correção. Nos mosteiros e conventos, praticava-se – e ainda se pratica – a correção fraterna. A falta de correção na infância e adolescência lotou as Febens e os presídios.

Carinho

Carinho é gostoso e faz bem. É palavra masculina, mas não tem sexo nem envelhece. O apóstolo Paulo recomendava aos cristãos: "Sejam carinhosos uns para com os outros"; e dizia isso sem fazer distinção de sexos. O tempo gasto com o carinho nunca é perdido. Somos bastante carinhosos com crianças e pouco com idosos. Por quê?

A Bíblia está repleta de exemplos de um Deus carinhoso, sobretudo nos profetas e salmos. Um deles diz que Deus tatuou o seu povo na palma da mão. Quando visitamos um doente, o carinho é tão ou mais importante que a própria visita. O mestre Jesus podia curar o leproso com uma palavra, mas preferiu fazê-lo com o toque carinhoso. O carinho negado às crianças despontará mais tarde no adulto como revolta, carência ou um problema que os psicólogos talvez nem consigam sanar.

30 de abril

Que tal criar um novo mandamento:
Serás carinhoso todos os dias
de tua vida?

Ternura

1º de maio

Ternura vem do latim *tenera* (tenra), mole, fofa. É vocábulo feminino, mas não dispensa os homens de agirem com ternura. Deus é terno. Um salmo diz que ele afofa a cama do seu amigo doente. O profeta Isaías compara-o à mãe que estremece nas entranhas por sua criatura.

Um grande personagem latino-americano, envolvido com a dureza das causas sociais, afirmava que era preciso cuidar da luta sem esquecer a ternura. Ela impede que a luta nos brutalize e nos desumanize. Quem age com ternura conquista admiração dos outros e faz muitos amigos.

A ternura deseja entrar no competitivo campo do trabalho onde, não raras vezes, um pretende puxar o tapete do outro. O mestre Jesus tratava a todos com respeito e ternura. Um de seus discípulos compreendeu isso e se debruçou sobre o peito do mestre na última ceia. O apóstolo Paulo dizia aos cristãos:

> AMO TODOS VOCÊS
> COM A TERNURA DE JESUS CRISTO.

Honradez

2 de maio

Honradez é qualidade rara em nossos dias. Para muitos, ter vergonha na cara é coisa do passado. O importante é conquistar um lugar ao sol e, se possível, ter o sol só para si. A honradez é irmã gêmea da honestidade – dar a cada um o que é devido.

A honra na Bíblia é atributo divino. Deus é honrado por sua coerência e retidão. E Deus premia a pessoa reta e justa, coroando-a de honradez. Esta não depende da riqueza. Há pobres honrados e ricos privados de honradez. Ilusão é crer que honradez se compre com dinheiro ou com propinas.

A Bíblia diz que "riqueza adquirida com mentira é ilusão fugaz de gente que procura a morte". Ela conta, na história dos Macabeus, o martírio de um ancião quase centenário, que preferiu a morte a perder a honradez e servir de mau exemplo aos jovens.

A HONRADEZ SITUA-SE ENTRE OS MAIORES TESOUROS QUE OS PAIS POSSAM DEIXAR EM HERANÇA A SEUS FILHOS E À SOCIEDADE.

Consolar

3 de maio

Consolar é gesto divino. Deus consola o seu povo em tempos de sofrimento e de perdas. O apóstolo Paulo sente-se no dever de consolar todos os que estão atribulados. Não aceitar consolação é gesto de desespero extremo. Jó chama seus "amigos" de consoladores chatos e importunos, pois, em vez de consolar, aumentam-lhe o sofrimento.

Para consolar do jeito certo é preciso saber ler a alma de quem está sofrendo; caso contrário, seria como tocar em feridas vivas. Conhecendo o que se passa na alma de quem sofre, consolar é curar feridas. Todos, cedo ou tarde, necessitamos de consolo.

Numa oração atribuída a Francisco de Assis, pedimos ao Senhor que saibamos mais consolar que ser consolados. Pessoas consoladoras são também pacíficas, pois após a consolação costuma voltar a paz numa casa, família, relação etc. O apóstolo Paulo aconselhava à recíproca consolação.

Sobriedade

4 de maio

Sobriedade vem do latim *sobrius* (não bêbado), e daí os sinônimos temperança, moderação, comedimento. Alguém disse, ironicamente, que o álcool é mais poderoso que Deus, pois este dá o entendimento, mas aquele o tira. A Pastoral da Sobriedade garante que a pessoa dependente do álcool é recuperável. Como ela, os Alcoólicos Anônimos fazem sua profissão de fé no ser humano, restaurando famílias à beira da destruição.

A sobriedade é um desafio também para os abstêmios, pois nem sempre somos moderados e comedidos em tudo. Além disso, por trás de um dependente de álcool podem se esconder parentes, falsos amigos, oportunistas.

A Bíblia desconhece a dependência alcoólica da forma como se apresenta hoje, mas não cessa de aconselhar à temperança e ao autodomínio. O apóstolo Paulo aconselha:

> QUE TODOS SEJAM SÓBRIOS,
> VESTIDOS COM A COURAÇA DA FÉ E DO AMOR
> E COM O CAPACETE DA ESPERANÇA.

Caminho

5 de maio

Cada pessoa que vem a este mundo tem um caminho único e irrepetível, porém, não é preestabelecido, como se houvesse um determinismo cego a ser seguido. Como disse um poeta, o caminho se faz caminhando.

Existem caminhos que se encontram porque há vidas que se encontram, mas eu não posso obrigar alguém a percorrer o meu caminho, e vice-versa. Querer traçar o caminho dos outros é pretender manipulá-los ou possuí-los.

O mestre Jesus se autodeclarou o Caminho, em dois sentidos: ele vem do Pai para o meio da humanidade, mostrando-nos quem é Deus; ele volta para o Pai, revelando a vocação final de todos os caminhos humanos: viver para sempre em Deus.

Há um salmo que ensina a pedir a Deus que examine nosso caminho, para que não seja um caminho fatal; e outro que mostra a Palavra de Deus como lâmpada para os passos de quem caminha.

Descubra seu caminho e ande.

Clamor

A Bíblia afirma que "quem tapa o ouvido quando o fraco suplica não terá resposta quando clamar". Na Sagrada Escritura, a palavra clamor caracteriza sempre o drama do fraco diante da prepotência do grande e poderoso. Clamor, portanto, supõe um contexto de injustiça e opressão.

Deus se revelou a Moisés como aquele que escuta o clamor dos hebreus no Egito e desce para libertá-los da opressão. Mas ele ouve o clamor e liberta por meio de pessoas, não de forma mágica. Isso significa que, se não formos as mãos e os pés de Deus neste mundo, haverá sempre mais clamor, porque Deus escolheu agir por meio dos que se comprometem com ele.

Todos, um dia, clamamos ou clamaremos, e a certeza de sermos ou não atendidos reside no que fizemos ou deixamos de fazer quando ouvimos o fraco clamar.

A SORTE ESTÁ EM NOSSAS MÃOS E,
NO FIM, NÃO PODEREMOS DIZER
QUE DEUS FOI INJUSTO PARA CONOSCO.

6 de maio

Sensatez

7 de maio

"Quem se desvia do caminho do bom senso acaba descansando na assembléia dos mortos." Este provérbio bíblico dá a cada pessoa responsabilidade pelo próprio caminho. Há pessoas que não se dão conta de estar resvalando para um caminho que pode ser fatal e ainda têm a audácia de culpar Deus. É trágico perceber que pessoas sem bom senso estão cavando a própria sepultura, construindo a própria morte em vez de construir a vida.

Descansar na assembléia dos mortos não é coisa boa para o criador dessa frase, pelo contrário. Além disso, o provérbio insinua que é suficiente o bom senso para levar uma vida saudável e encontrar a salvação.

Há um salmo que diz que o insensato é como ovelha guiada pela Pastora Morte. Onde irá parar? Sensatez não se adquire por osmose, não se encontra em farmácias, nem chega por correio.

Na idade adulta,
ou produzimos sabedoria
ou a insensatez nos consome.

Boa fama

Há por aí um prurido e uma obsessão pela fama a qualquer preço, como se ela trouxesse felicidade. O dito diz que "quem tem fama deita na cama", mas nem sempre ser famoso é sinônimo de pessoa honesta. A Bíblia diz que "boa fama é melhor do que riqueza, e simpatia vale mais que ouro e prata". Um salmista garante que sua fama e salvação dependem de Deus. Outro texto afirma: quem teme o Senhor "terá uma coroa de alegria e alcançará fama duradoura".

Fama que vale a pena é a boa fama, e esta nasce de Deus, que vê o bem realizado. A má fama – falem qualquer coisa, desde que de mim – cedo ou tarde se revelará uma armadilha fatal. Não difame quem tem boa fama, pois seria uma coisa infame. Não busque a fama a qualquer custo, pois é de Deus que a boa fama procede.

8 de maio

É MELHOR SER UM ILUSTRE DESCONHECIDO
DO QUE UM BANDIDO FAMOSO.
A BOA FAMA, SIM, NÃO TEM PREÇO.

Partilha

9 de maio

Partilha é o antídoto contra o egoísmo e a concentração. Aprende-se ou não a partilhar desde a infância. A criança é por natureza possessiva e voltada ao ter tudo para si. Mas o caminho da felicidade vai à contramão da concentração. O apóstolo Paulo afirma que o mestre Jesus teria dito: "Há mais felicidade em dar do que em receber". Se todos aprendessem a partilhar e praticassem a partilha, não haveria no mundo necessitados.

Os milagres de Jesus, conhecidos como "multiplicação dos pães", são na verdade o milagre da partilha. Pobre de quem se julga tão pobre a ponto de não ter nada para repartir com alguém. Quando Deus criou o mundo, estabeleceu que todas as criaturas tivessem o suficiente e o necessário para defender a vida. Por isso a partilha se torna um mandamento cada dia mais necessário. Às vezes, não querer partilhar é transgredir o mandamento que diz: "Não mate!".

Igualdade

10 de maio

Os seres humanos são radicalmente todos iguais. A Bíblia, afirmando que a humanidade se originou de Deus, professa uma incontestável verdade: somos todos iguais, todos feitos à imagem e semelhança divinas. Nós é que criamos a desigualdade entre as raças, sexos, religiões, condições sociais etc., de modo a dar impressão de que alguns são "mais iguais" e outros "menos iguais".

Deus gostou tanto da igualdade que se tornou igual a nós no Filho feito gente, feito carne. E ninguém acha estranho que o Filho não falasse a nossa língua, não fosse da nossa raça, porque a igualdade está mais além, no próprio ser do ser humano.

O apóstolo Paulo afirmou que por iniciativa de Jesus Cristo não há mais diferenças oriundas de raça, condição social ou gênero, porque todos nele formamos uma só criatura, um só corpo.

Quem professa a radical igualdade entre os seres humanos dificilmente arrisca discriminar pessoas.

Milagres

11 de maio

Milagres acontecem, mas são raros. Confiar cegamente neles pode tornar-nos passivos e, no fim, descrentes de Deus. Há uma tendência forte de fazer da religião uma religião de milagres, mágica, todo-poderosa. Na verdade, a religião precisa saber lidar mais com o fracasso do que com o milagre.

Os verdadeiros milagres, hoje, são as pessoas que os fazem: o milagre da sobrevivência do pobre, o milagre de conservar a fé na noite escura da caminhada, o milagre da partilha que sacia a todos, os milagres da medicina que salva vidas. Os laboratórios são terrenos fecundos para se realizarem milagres hoje.

Certa ocasião, quando uma criança caiu num poço e, após muitas infrutíferas tentativas de salvá-la, acabou morrendo, muitos se perguntavam onde estava Deus naquele momento, pois não fez um milagre. Provavelmente, ele estava no fundo do poço com a criança à espera de um milagre nosso.

Pertencer

Pertencer é uma das mais gostosas experiências da vida. "Eu sou teu", "Eu sou tua", sem se anular, sem perder a própria identidade, é algo que preenche a vida de felicidade. Há pessoas que dizem isso a Deus e se consagram a ele por toda a vida, servindo ao Reino. O apóstolo Paulo, falando do casamento, assim expressava o que entendia por "pertencer": "A esposa não é dona do seu corpo, mas o marido; o marido não é dono do seu corpo, mas a esposa".

Todos fizemos e fazemos a experiência de pertencer a uma família, um grupo social, uma comunidade, um partido político, um clube... Não pertencer produz a sensação de vazio, ausência de sentido, falta de perspectivas. É a orfandade total.

O mestre Jesus falou muitas coisas acerca do pertencer. Disse, por exemplo, que ele é a videira; seu Pai, o agricultor, e cada um de nós, ramos unidos à videira e convocados a produzir os mesmos frutos.

12 de maio

Pagar o mal

13 de maio

Como pagar o mal? Quase sempre, quem pretende pagar o mal com o mal se dá mal. A pessoa ofendida deseja se vingar e acaba mais ferida e machucada que antes. Zezinho me mostrou o caso das abelhas. Têm ferrão, mas você sabe o que acontece com elas se picam alguém. O ferrão penetra de tal modo na pessoa, que a abelha acaba sendo a vítima maior: o ferrão não se desprende e arranca as vísceras da abelha. E ela morre. Pagar o mal com o mal tem essa lógica maluca: os mais prejudicados são os causadores do mal.

O apóstolo Paulo aconselha a devolver o bem a quem nos faz o mal, desarmando a lógica da violência: "Vença o mal com o bem". E também: "Se o seu inimigo tiver fome, dê-lhe de comer; se tiver sede, dê-lhe de beber". Você o estará fazendo corar de vergonha. O mestre Jesus mandou rezar pelos inimigos e fazer o bem aos que nos odeiam.

NÃO SE DEIXE VENCER PELO MAL,
MAS VENÇA O MAL COM O BEM.

Cuidar de si

Se não sabemos cuidar de nós mesmos, como poderemos cuidar dos outros? O mestre Jesus ordenou amar o próximo como a si mesmo. Como alcançar isso se a pessoa não se ama e não cuida de si? Não se trata de adotar a obsessão de nossos dias, o culto ao corpo, que às vezes é pura idolatria.

Cuidar de si, da saúde do corpo e da mente é manter em ordem a casa de Deus, que é o ser humano. Tomar-se no colo, ter compaixão de si mesmo quando se erra, cultivar relacionamentos positivos... é um dos caminhos para a felicidade. A pessoa que não cuida de si extravasa nos outros o mal-estar que carrega.

Nenhuma pessoa deveria ser chamada de "feia", porque quem cuida de si tem beleza interior superior à beleza externa. E ninguém deveria considerar-se feio, pois cada pessoa é uma centelha da beleza divina.

NÃO MALTRATE SEU CORPO POR NADA,
POIS VOCÊ OU SE SALVA COM ELE
OU SE PERDE SEM ELE.

14 de maio

Zelo

15 de maio

Conta-se de certo pároco que percorria sempre a mesma estrada e viu como um agricultor, à beira do caminho, transformou um terreno baldio em exuberante roçado. Certo dia parou e observou ao dono da roça: "Deus e você fizeram maravilhas nesse terreno baldio". O experiente homem do campo retrucou: "Então o senhor não percebeu o estado lastimável do terreno quando Deus cuidava dele sozinho?".

Há um ditado que diz ser o olho do patrão que engorda o boi. Tudo isso pode ser chamado de zelo, palavra apreciada antigamente e hoje esquecida. Fazer as coisas com zelo é fazê-las do melhor modo, dando tudo de si. O resultado pode não ser perfeito, mas ninguém deixará de reconhecer o zelo com que foi feito. Há um salmo em que a pessoa se reconhece devorada de zelo pela casa de Deus. O povo da Bíblia dizia: "Com Deus faremos proezas". Mas creio que Deus diga:

COM AS PESSOAS EU FAÇO MARAVILHAS.

Noite escura

Cedo ou tarde acontece na vida das pessoas aquilo que se chama de noite escura – momento de densa treva e total incompreensão. A noite escura da alma pode ser um momento de graça. Os místicos saíram dela cheios de luz. Na mais profunda escuridão da vida pode estar escondida a luz mais brilhante, como no lodo do mar se escondem finas pérolas.

É conhecida a jornada do patriarca Jacó, que lutou toda a noite num combate singular, sozinho, contra um adversário poderoso e desconhecido. De manhã, o patriarca mancava de uma das pernas, sinal de que a luta deixara marcas. Mas saiu desse combate abençoado pelo misterioso adversário, prova de que a luta não foi infrutífera e que valeu a pena lutar. O sol que viu o patriarca naquela manhã notou um personagem novo.

Nós costumamos dizer
que após a tempestade vem a bonança,
e nada é mais certo que o nascer do sol
após a noite escura.

16 de maio

Luz

17 de maio

Os primeiros cristãos chamavam o batismo de iluminação. O apóstolo Paulo afirma que os cristãos são filhos do dia e da luz. O grande líder da libertação – Moisés –, ao descer da montanha onde estivera em contato com Deus, tinha o rosto resplandecente. O mestre Jesus afirmou ser a luz do mundo e disse que segui-lo é não andar nas trevas, mas ter a luz da vida. Em outra ocasião afirmou que seus seguidores são a luz do mundo brilhando para todos.

Como seria uma pessoa luminosa, radiante? É alguém que possui dentro de si a luz de Deus e a faz brilhar em tudo o que realiza. Sem luz do sol, não há vida, e sem a luz de Cristo e dos cristãos, o mundo se envolverá sempre mais em trevas. A luz é a primeira criatura de Deus, e o ser humano, a última. Entre elas duas, estão todas as coisas criadas.

> O SER HUMANO LUMINOSO
> DÁ BRILHO A TUDO O QUE EXISTE,
> E SEU BRILHO É REFLEXO
> DA LUZ DO PRÓPRIO DEUS.

Paraíso

A Bíblia mostra que o ser humano foi criado para a felicidade. Ela explicita esse tema com a imagem do Éden, o paraíso terrestre. Há pessoas pensando que a perda desse estado paradisíaco seja irreparável, mas a própria Sagrada Escritura se encerra com a visão da Nova Jerusalém, a recriação do paraíso na terra. Ele, portanto, não é uma perda irrecuperável, mas um projeto a ser construído.

Como disse alguém, o paraíso terrestre não é feito de saudade, mas de esperança. Não devemos olhar para trás lamentando sua perda, mas para a frente, buscando-o e construindo-o. Todavia, não é sabedoria buscar esse paraíso apenas fora de nós. Talvez seja oportuno começar sua construção dentro da gente. Foi o que disse um místico do passado: "Se não tiveres o paraíso dentro de ti, jamais encontrarás o paraíso fora de ti".

18 de maio

> PARAÍSO URGE UM COMPROMISSO
> NO HOJE DE CADA PESSOA.
> O FUTURO É HOJE.

Eternidade

19 de maio

Eternidade não pode ser separada desta vida. Não sabemos exatamente como será a vida eterna, nem podemos pretender que seja clone desta. A Bíblia diz: "O que os olhos não viram, os ouvidos não ouviram e o coração do homem não percebeu, foi isso o que Deus preparou para aqueles que o amam". Surpresa total? Talvez não.

O evangelista João faz o mestre Jesus dizer, na sua oração ao Pai, acerca da vida eterna: "A vida eterna é esta: que eles conheçam a ti, o único Deus verdadeiro, e aquele que tu enviaste, Jesus Cristo". Conhecer o Pai e o Filho, eis o começo da vida eterna. Para o povo da Bíblia, não se conhece uma pessoa sem entrar em íntima comunhão com ela. Começo de vida eterna, portanto, é a vida marcada pela intimidade com Deus e com seu Filho.

Intimidade requer amor,
e todos sabem que esse sentimento
nasce para ser eterno e eternizar
quem a ele se entrega.

Prudência

20 de maio

"Feliz aquele que encontrou a prudência", diz a Bíblia. E ainda: "Conhecer o mal não é sabedoria, e o conselho dos pecadores não é prudência". O livro de Jó garante que ser prudente é destino da terceira idade. Nós dizemos que "apressado come cru" e temos certeza de que "seguro morreu de velho". É a prudência a arte de não querer apagar o fogo com gasolina.

Certa vez, uma pessoa santa teve de aconselhar uma esposa envolvida em contínuas brigas com o marido. A receita era esta: quando a discussão começasse, ela devia encher a boca d'água e só engoli-la ou jogar fora quando o esposo tivesse calado a boca. E não é que a receita funcionou perfeitamente? Nós costumamos dizer que "quando um não quer, dois não brigam" e que "em boca fechada não entra mosquito".

A pessoa que cultiva a prudência
é um pára-raio para si
e para quantos encontrar.
E não morre pela boca, como os peixes.

Aprender

21 de maio

As novas gerações são potencialmente mais felizes que as anteriores, uma vez que aprendem com as experiências alegres ou dolorosas das gerações passadas. De fato, costuma-se dizer que "a História é a mestra da vida".

Das gerações anteriores, os jovens têm duas formas de aprender: com o amor ou com a dor. Aprende-se com amor quando acatamos o conselho dos mais velhos – pais ou não –, que têm experiência de vida e sabem quando uma escolha é boa ou não. Aprende-se com a dor quando, rejeitando a sabedoria dos mais velhos, queremos fazer nossa própria experiência – um direito que nos cabe –, mas nos damos mal. Aprendemos com nossas próprias cabeçadas.

Seria muito mais lógico seguir o aprendizado do amor, mas o que se vê é a rejeição da sabedoria dos mais velhos. Mais tarde, os que são hoje jovens tentarão passar sua sabedoria de vida às novas gerações. Em vão. Como se diz: "Morrendo e aprendendo".

"Obrigada, Mãe!"

Zezinho me contou um fato que irritava o velho pároco. Na fila da comunhão, lá vinha sempre uma senhora para comungar. Feito isso, dirigia-se a uma das laterais da igreja, onde num nicho havia uma imagem de Nossa Senhora. Ficava aí, de mãos postas, tocava a seguir a santa e voltava para seu lugar.

Certo dia, o vigário chamou essa senhora e lhe perguntou se não se havia dado conta de que na comunhão ela estava recebendo o dom insuperável de Deus – que se entrega totalmente no Filho –, não sendo preciso dirigir-se à santa logo após ter recebido a comunhão. "Claro que me dei conta", respondeu ela, "e sei muito bem que na Eucaristia Deus se entrega totalmente a nós. É por isso que me dirijo a Nossa Senhora, pois tudo isso se tornou possível graças a ela. Sinto-me no dever de lhe dizer: 'Obrigada, Mãe!'". Ela entendera, mais que o velho pároco:

> AO LADO DE UM GRANDE FILHO
> EXISTE UMA GRANDE MÃE.

22 de maio

Rezar

23 de maio

Rezar é uma arte. Não depende de palavras, aliás, às vezes as palavras atrapalham. Dizia o poeta: "Me disseram, porém, que eu viesse aqui pra pedir em romaria e prece paz nos desaventos. Como eu não sei rezar, só queria mostrar meu olhar, meu olhar, meu olhar". É a mais sublime oração, a oração dos místicos contemplativos. O mestre Jesus ensinou apenas uma oração, breve, mas cheia de significado.

Contava-se no passado a história de um carvoeiro que de manhã rezava assim: "Meu Deus, o teu saco de carvão vai trabalhar"; e à noite: "Meu Deus, o teu saco de carvão vai dormir". Existe oração mais verdadeira?

Certa vez uma criança esperta fez uma observação inquietante. Viu um adulto sair da igreja depois de participar da Eucaristia e rezar muito. Estava de cara amarrada, como se estivesse de mal com o mundo. A criança observou então: "O que será que ele rezou para estar com todo esse mau humor?".

Pequenos passos

Pequenos passos compõem grandes caminhadas, marchas, maratonas. Ninguém consegue dar dois passos simultâneos, e nem sempre quem pula mais longe chega antes. A ansiedade atropela os passos, pois a preocupação com o depois não permite que se dê a passada certa no momento.

Os grandes problemas da vida – se é que existem – normalmente são resolvidos passo a passo. O importante é caminhar e sentir que Deus caminha com cada pessoa e com a humanidade inteira. O mestre Jesus disse que não adianta estressar-se com o dia de amanhã, pois trará consigo o próprio afã. Basta a cada dia a sua preocupação, dizia ele.

O apóstolo Paulo recomendava não se inquietar com nada, mas caminhar o mais serenamente possível, cada dia, passo a passo. E se caminharmos com pessoas positivas, o caminhar será mais gostoso e interessante.

É SINAL DE SABEDORIA
CURTIR OS PEQUENOS PASSOS
QUE COMPÕEM NOSSA JORNADA.

24 de maio

Sentir raiva

25 de maio

Sentir raiva é ruim? Sentir raiva é pecado? É preciso envergonhar-se de sentir raiva? O mestre Jesus não escondeu seus sentimentos: expressou alegria nos momentos de alegria, compaixão diante da dor, tristeza a ponto de chorar a morte do amigo, indignação e raiva nos momentos em que se faziam necessárias.

Certa ocasião, tomou um chicote e foi distribuindo chicotadas no Templo, que se transformara num lugar de corrupção e exploração dos pobres. Ele, que se autodeclarou manso e humilde de coração e convidou todos a se aproximarem dele, sentiu e expressou raiva como sentimento de desaprovação.

O apóstolo Paulo ficou indignado em várias ocasiões, e isso pode ser percebido nas cartas que escreveu aos cristãos de Corinto e da Galácia. Sentir raiva nos tira da visão ingênua de que tudo corre às mil maravilhas num mundo que se torna cada vez mais injusto, discriminador e excludente.

Dormir bem

Há um salmo que diz: "Em paz me deito e pego logo no sono, pois quem me sustenta é Deus". Um outro garante que é perda de tempo dormir tarde ou madrugar para comer o pão amassado com suor, sendo que Deus concede o pão a seus amigos enquanto dormem.

Dormir faz bem, sobretudo se fizemos o bem durante o dia. Os que não agem bem não têm sono tranqüilo, pois os remorsos se transformam em monstros nos pesadelos que invadem a mente à noite.

Quem sofre de insônia sabe o quanto é bom dormir bem. Perguntar pela manhã: "Você dormiu bem?", é preocupar-se com o bem dos outros. O mestre Jesus, certa ocasião, dormia a sono solto numa barca fortemente agitada pelas ondas, a ponto de os discípulos o acordarem desesperados com medo de morrer. Em outra época, perguntou:

Quem de nós, às custas de se preocupar, consegue aumentar um centímetro do próprio tamanho?

26 de maio

Poço interior

27 de maio

Toda pessoa tem um poço dentro de si, que produz água cristalina e fresca, um verdadeiro oásis nos momentos de deserto escaldante. O poço interior abastece o próprio dono e outras pessoas também. Como é agradável conviver com pessoas que são um poço de sabedoria, paciência, compaixão, bondade e tantos outros valores humanos que as tornam muito especiais. Mas como é sufocante conviver com pessoas cujo poço interior secou, não produz mais para o dono nem para as pessoas.

O poço interior necessita ser alimentado constantemente, caso contrário seca. O mestre Jesus sabia disso e certa vez declarou: "Quem tiver sede venha a mim e beba, e do seio de quem crê em mim irão jorrar torrentes de água viva". O veio subterrâneo que abastece nosso poço interior é o Senhor Jesus.

NÃO PERMITA QUE SEU POÇO INTERIOR
VENHA A SECAR
OU QUE SUAS ÁGUAS SE TURVEM
E SE TORNEM IMPRESTÁVEIS.

Cura interior

Para as feridas do corpo temos os médicos, mas para as feridas da alma precisamos buscar outros remédios que não se encontram nas prateleiras das farmácias. É certo que há quem ajude a curar os males de nossa alma, mas o protagonista, o médico-chefe é cada pessoa.

Os males da alma, se não forem curados, costumam fazer o corpo adoecer. A isso chamamos somatização: feridas do corpo causadas pelos ferimentos da alma. Um remédio salutar para a cura interior é o perdão. Em primeiro lugar, perdoar-se, livrando-se da mania de perfeição ou perfeccionismo, dado que nenhum ser humano é perfeito.

Quem já se perdoou e decidiu perdoar-se sempre pode estar certo de que curou sua alma e seu corpo e está em condições de curar almas e corpos necessitados.

28 de maio

SE O MUNDO DE HOJE ANDA DOENTE
(A CADA DIA QUE PASSA SURGEM NOVAS
E TERRÍVEIS DOENÇAS), NÃO SERÁ POR QUE
ESTAMOS NECESSITADOS DE CURA INTERIOR?

Relaxamento

29 de maio

Se todos praticassem exercícios de relaxamento uma vez por dia, provavelmente a maioria dos remédios ficaria nas prateleiras das farmácias pegando pó. O relaxamento impede que nos neurotizemos, prejudicando a nós mesmos e aos outros. As tensões do cotidiano nos deixam tensos, e sabemos que um arco esticado cedo ou tarde dispara.

Certa vez, o mestre Jesus enviou seus discípulos a fazer as mesmas coisas que ele fazia. Eles foram e voltaram cansados. Então o mestre os convidou e partiram para um lugar afastado e deserto a fim de descansar, pois eram tantos os que iam e vinham, que os discípulos nem tinham tempo para comer um pedaço de pão.

As técnicas de relaxamento são presentes que Deus dá à humanidade por meio da criatividade e inteligência humanas. Valorizá-las é saber descobrir os momentos de graça que o Senhor vai semeando em nossa caminhada, para que tenhamos qualidade de vida.

União

A aranha tece a teia porque sua sobrevivência está em jogo, assim como as grandes empresas criaram redes internacionais e uniram-se para ganhar mais espaço, clientes, projeção. Apenas algumas pessoas e comunidades ainda não descobriram que a união faz a força e, como se gritava há décadas, "povo unido jamais será vencido". A união é fundamental para se obterem resultados. E o que dizer dos cristãos, desunidos por causa daquele que os deveria unir?

Um sociólogo do passado costumava conclamar os cristãos à união porque, dizia ele, "se o inimigo encontrar vocês desunidos, ele os derrotará um após o outro". O apóstolo Paulo incentivava as comunidades a ter sentimentos de unidade, num só pensamento e numa só ação. A união entre as pessoas, sobretudo entre os seguidores do mestre Jesus, é expressa numa oração que ele fez ao Pai:

Que eles sejam um como nós somos um,
e assim o mundo creia que tu me enviaste.

30 de maio

Espelho

31 de maio

Interrogado por que tinha enorme espelho no quarto, um velho padre respondeu: "Porque nele eu vejo a minha alma". Bela visão, acessível a todos, fechada para alguns. Olhar-se no espelho é contemplar a própria alma. Diante dele, fazemos as melhores avaliações da vida, percebemos a erosão do tempo em nosso corpo e a fragilidade da vida, assim como corremos o risco de olhar sem notar que o tempo passa e nós com ele, e que o passado vai acumulando anos e o futuro esvaziando-se deles...

O espelho diz que a vaidade é passageira... Mas serve também para nos pôr para cima. Quem nele se olha de manhã e diz a si mesmo "vamos à luta", pode ter certeza de que começou o dia com o pé direito.

O apóstolo Paulo usa a metáfora do espelho – antigamente não refletia tão bem como hoje – para falar da realidade presente, embaçada, contrastando com a futura: veremos a realidade como ela é.

O "eu": deus ou demônio?

O "eu" define a pessoa. Ninguém consegue falar muito sem usar o eu. Quando usado em demasia, pode denotar *ego*-ísmo, uma pessoa *ego*-cêntrica. É próprio da criança pensar somente em si, querer tudo para si. Mas, à medida que crescemos, deparamos com o "tu", o outro "eu", ser humano e necessitado como eu. Quando nos abrimos ao "tu", geramos o "nós", a união de dois seres – "eu + tu" –, e começamos a perceber que o centro não está nem no "eu" nem no "tu", mas no "nós".

Assim sendo, o "eu" se torna um deus à semelhança do Deus que se apresentou a Moisés desta forma: "Eu sou aquele que sou", e à semelhança do mestre Jesus, que gostava de dizer "eu sou", mas sempre voltado para o bem dos outros: "Eu sou o bom pastor, eu sou a luz do mundo, eu sou o caminho, a verdade e a vida...".

O "EU" PODE SER UM DEUS OU UM DEMÔNIO,
DEPENDE DO OBJETIVO QUE BUSCA:
SER PARA SI OU PARA OS OUTROS.

1º de junho

Discernimento

2 de junho

Discernimento vem do latim *discernere*, *dis + scernere*, e significa fazer passar pelo crivo, pela peneira, daí peneirar, e em sentido mais comum, distinguir claramente, compreender. A Bíblia afirma que "mais vale adquirir sabedoria do que ouro, e é melhor adquirir discernimento do que prata". E também: "Quem adquire bom senso quer bem a si mesmo, e quem conserva o discernimento será feliz".

O apóstolo Paulo aconselhava os cristãos a discernirem o bem num contexto pluralista e de opiniões às vezes contrárias: "Examinem tudo e fiquem com o que é bom". Sem discernimento, compramos gato por lebre. E depois amargamos o arrependimento por termos agido sem discernir, sem peneirar. Aí não adianta esconder o sol com a peneira. É sabedoria reconhecer o erro e é bom senso precaver-se de discernimento para situações futuras.

O DISCERNIMENTO NOS TORNA PESSOAS MADURAS E EQUILIBRADAS.

Como escutar

Há várias formas de escutar, e cada uma delas revela algo de nossa personalidade. Existem pessoas que escutam, mas, como se diz, "a coisa entrou por um ouvido e saiu pelo outro". Faltou escuta verdadeira. Outros escutam, mas o que ouvem entra pelos ouvidos e sai pela boca: causam grandes estragos, pois não sabem guardar segredos e acabam perdendo boas amizades. Há, finalmente, quem escuta, a palavra entra pelos ouvidos e desce ao coração, aninhando-se ali. Essa pessoa aprendeu o que é escutar.

A Bíblia fala de alguém capaz de escutar assim, Maria: ela conservava todos os fatos, meditando-os no seu coração. Aconselha-se a escutar sempre, com paciência, e a falar pouco, com prudência. Talvez a pessoa que pediu nossa escuta nem desejasse ouvir palavras, mas um silêncio respeitoso, sinal de que suas palavras desceram ao nosso coração.

ÀS VEZES A ESCUTA SILENCIOSA VALE MAIS QUE MIL SERMÕES.

3 de junho

Ceder

4 de junho

Zezinho ouviu a história da gaivota e da ostra. A ostra semiaberta tomava sol nas águas rasas da praia quando uma gaivota a fisgou. Logo ela se fechou com força, prendendo o bico da gaivota. E ficaram assim, sem ceder, uma pressionando a outra, numa luta mortal, até que chegou um pescador e apanhou ambas em sua rede. Como não tivesse o que comer no almoço, decidiu inovar, preparando um suculento prato de "gaivota e ostra à pescadora". Não ceder foi fatal.

A vida não é um cabo-de-guerra, onde só podemos nos considerar vencedores após ter derrotado – ou destruído – os outros. Há situações em que ceder é viver. Antigamente mostrava-se a vinheta de dois jumentos amarrados a uma corda curta. Cada um puxava para seu lado a fim de alcançar o monte de capim. Finalmente um deles cedeu, e juntos se alimentaram do primeiro monte de capim e, sempre juntos, comeram também o segundo.

Riqueza e poder

Conta-se que havia um rico poderosíssimo e um pobre miserável que não se deixava comprar. O rico ficava furioso porque o pobre não o bajulava como faziam muitos.

Certo dia, o rico se apresentou e ofereceu ao pobre 20% de sua riqueza para que o pobre o bajulasse. "É muito pouco para que eu te bajule", respondeu o pobre. "Então te dou 50% de minhas posses", provocou o rico. "Se me deres 50%, seremos ricos e poderosos iguais, e não te poderei bajular", corrigiu o pobre. "Te dou toda a minha riqueza, todo o meu poder, com a condição de que me bajules". "Se me deres toda a tua riqueza e todo o teu poder, acabarás pobre e miserável como eu. Que motivo teria eu para te bajular?"

E o pobre continuou com sua dignidade de pobre, e o rico teve de reconhecer que riqueza e poder não são tudo na vida. O mestre Jesus disse que dificilmente um rico entrará no Reino do céu. Por quê?

5 de junho

Temperança

6 de junho

Pessoa destemperada é perigo na certa. É melhor ficar longe para não ser vítima de seu destempero. Toma decisões impossíveis de serem realizadas nas horas de normalidade. A pessoa que cultivou a temperança, pelo contrário, não perde facilmente o equilíbrio, e está sempre cercada de gente que a admira e lhe quer bem.

Temperança é a moderação e o equilíbrio necessários em todas as coisas. Não é alcançada sem treinamento, esforço e também renúncia. O destemperado afirma que pode fazer tudo o que lhe dá na cabeça. Quem cultivou a temperança sabe que, embora possa fazer tudo o que lhe vem à cabeça, nem tudo lhe convém fazer. O destemperado não tem critérios nem freios. Quem tem temperança, ao contrário, busca um critério que dê sentido às ações e põe limites àquelas que extrapolam esse critério.

O HOMEM SEM TEMPERANÇA
ASSEMELHA-SE AOS BRUTOS E AOS ANIMAIS.

Auto-estima

Houve tempo em que falar positivamente de auto-estima beirava o pecado. Talvez o pecado esteja exatamente no não falar dela positivamente. Ela é tremendamente necessária para sobreviver numa sociedade competitiva em que o lugar ao sol não é dado, mas conquistado. Pessoas com baixa auto-estima estão mais expostas a doenças físicas e mentais do que as que têm auto-estima elevada.

Certa ocasião, o mestre Jesus encontrou um paralítico à beira de uma piscina há 38 anos. Antes de curá-lo, perguntou se de fato queria ser curado, sinal de que essa pessoa precisava ser curada também em sua vontade. Crianças que crescem desamparadas não desenvolvem auto-estima. Dessa forma, vão encontrar dificuldades no campo da educação, do trabalho, da afetividade etc.

Não permita que alguém o subestime.
Busque razões que alimentem
e façam sua auto-estima crescer.

Desejar o bem

8 de junho

Num pára-choque de caminhão estava escrito: "Deus lhe dê em dobro aquilo que você me desejar". Se desejamos o bem, tudo bem.

Conta-se que certo rei tinha dois assessores que se odiavam. Sua Majestade chamou-os e disse-lhes que estava disposto a recompensá-los. Todavia, para provar-lhes a bondade, resolvera recompensar desta forma: daria a B o dobro daquilo que A pediria para si; e daria a A o dobro daquilo que B pediria para si. Sabe você o que eles pediram? A pediu para que B tivesse um olho furado; e B pediu o mesmo com relação a A.

Aqui fica muito claro que é um mal desejar o mal, porque nos ferimos de modo irreparável. A saída é desejar o bem, e isso faz bem. Você se lembra de que a Bíblia diz: "Não faça ao próximo aquilo que não quer que lhe façam". O mestre Jesus deixou-nos a regra de ouro:

> TUDO AQUILO QUE VOCÊS DESEJAM
> QUE OS OUTROS LHES FAÇAM,
> FAÇAM VOCÊS A ELES.

Dignidade

9 de junho

A dignidade de que falamos não se prende a cargos ou funções, embora a palavra possa ter também esse significado. Todas as pessoas têm idêntica dignidade, simplesmente pelo fato de serem seres humanos. Em termos religiosos, o tema pode ser esclarecido da seguinte forma: Quando Deus criou a humanidade, disse: "Façamos o ser humano à nossa imagem e semelhança". E a Bíblia afirma que criou o homem e a mulher em pé de igualdade e com idêntica dignidade.

Toda pessoa é imagem e semelhança de Deus, que a criou livre, saudável, senhora. Portanto, tudo o que diminui a liberdade do ser humano, seu bem-estar físico-psíquico, bem como o que o escraviza, é um atentado contra a dignidade humana, que não se compra, porque foi concedida gratuitamente por Deus.

Todos os milagres do mestre Jesus
são atos de devolução
de dignidade a quem a perdeu.

Só o bem

10 de junho

As pessoas fazem muitas coisas ao longo da vida. Mas, pelo fato de terem sido criadas com liberdade, nem tudo o que realizam é bom e merece louvor. Pelo contrário, há coisas das quais o ser humano deveria envergonhar-se, e seus autores premiados com o esquecimento eterno.

A Bíblia diz que a memória do justo dura para sempre, ao passo que a dos maus desaparece. Falando dos mortos, o Apocalipse lhes deseja um descanso em paz e que suas boas obras os acompanhem.

Com o passar do tempo, aprendemos que só o bem merece ser recordado, e as pessoas que já partiram devem ser lembradas pelo bem que realizaram. O resto é palha. A não ser que desejemos, com os erros dos outros, ativar a memória do passado e incentivar as novas gerações a evitar os erros passados e assim terem mais chances de ser felizes.

Você deseja que sua memória
permaneça nas futuras gerações?
Faça o bem.

Tempo e distância

Nem sempre temos respostas claras para questões complicadas. Às vezes nos enredamos em situações embaraçosas e ficamos sem respostas e saídas. A Bíblia narra a relação tumultuada dos dois filhos de Isaac, Esaú e Jacó. Após o roubo da primogenitura por parte de Jacó, a situação ficou muito tensa entre eles, a ponto de a mãe Rebeca temer pela vida dos filhos. Foi ela, contudo, que encontrou o remédio para essa relação conflituosa: mandou Jacó para longe, entendendo que tempo e distância às vezes são excelentes remédios na solução de conflitos e tensões.

O tempo cura muitas (quase todas) feridas, e a distância permite olhar diferentemente os fatos, ponderando melhor. A sensatez e a prudência de Rebeca surtiram efeito. Mais tarde, os dois irmãos se reconciliaram e se reencontraram para sepultar o pai Isaac.

> NINGUÉM GARANTE
> QUE FICAR CHOCANDO OS PROBLEMAS
> SEJA O MELHOR MODO DE RESOLVÊ-LOS.

Contentar-se

12 de junho

Feliz quem sabe contentar-se, porque o afã de ter mais corrói os ossos e perturba o sono. A sabedoria popular adverte: "Quem tudo quer tudo perde". E também: "Cobiça desordenada traz perda dobrada". Não se trata de acomodar-se pensando que a miserabilidade seja vontade de Deus.

O apóstolo Paulo sabia se dar bem na abundância e na carência. E dizia: "Tudo posso naquele que me fortalece". A Bíblia tem um pedido interessante a Deus: "Eu te peço duas coisas, ó Deus. Não me negues isto antes de eu morrer. Afasta de mim a falsidade e a mentira. Não me dês riqueza, nem pobreza. Concede-me apenas o meu pedaço de pão, para que, saciado, eu não te renegue, dizendo: 'Quem é Javé?' Ou então, reduzido à miséria, chegue a roubar e profanar o nome do meu Deus".

QUEM SABE SE CONTENTAR,
PONDO LIMITES AO DESEJO
DE POSSUIR SEMPRE MAIS,
DESCOBRE ALEGRIA NAS COISAS QUE TEM.

Discrição

A sabedoria popular aconselha a ser discreto, mantendo-se calado a respeito de tudo o que os outros falam. Visto que ninguém está isento de críticas, pois todos têm a própria vidraça, convém cultivar a virtude da discrição, tornando próprio o ditado popular: "Na boca do discreto, o público é secreto".

Um antigo e importante sábio oriental deu a fórmula certa para essas ocasiões. Aconselha a imitar o bem que descobrimos nos outros e corrigir em nós os defeitos que apontamos nos outros. Assim crescemos duas vezes, imitando o bem e precavendo-nos do mal. A maledicência nos torna pessoas más.

Certa ocasião, o mestre Jesus disse que a boca fala daquilo que o coração está cheio. Alimentarmo-nos de fofocas é o que há de pior, pois fazemos do lixo dos outros o nosso próprio alimento. Disse também que:

É HIPOCRISIA QUERER TIRAR
UM CISCO DO OLHO DE ALGUÉM
SEM ANTES TIRAR A TRAVE QUE CARREGAMOS
EM NOSSOS PRÓPRIOS OLHOS.

13 de junho

Ser bom

14 de junho

Não existe elogio maior, nem melhor síntese de uma vida do que ser considerado boa pessoa – homem bom, boa mulher. Ângelo Roncalli passou à história como "o Papa bom". É possível dizer mais? Riqueza, cultura, prestígio, fama, poder e muitas outras coisas juntas não somam mais que a bondade sozinha. É bom ser bom.

A sabedoria popular afirma: "A quem faz o bem, outro bem lhe nasce", porque a bondade brota de dentro da pessoa e se derrama para fora. E praticar atos de bondade não nos esvazia dela; pelo contrário, preenche-nos sempre mais. E a sabedoria popular ainda diz mais: "Se fores bom, para ti o proveito; se fores mau, para ti o dano". Isso porque "ninguém dá o que não tem". Quando fazemos o mal, revelamo-nos maus; quando fazemos o bem, permitimos que o bem e a bondade brilhem em nós.

Não busque outra síntese
para sua vida a não ser esta:
ser boa pessoa, gente boa.

Beleza conta?

Quase todas as pessoas carregam inutilmente uma pesada cruz, a cruz da beleza-padrão, mesmo sabendo que o quesito beleza pode ser forjado ou extremamente subjetivo. Os mais jovens carregam a cruz da estética e se submetem a escravidões impiedosas; os adultos levam nos braços a mesma cruz, agravada pelo desgaste do tempo e pela incompreensão de que o belo não se encontra num rosto formoso. A sabedoria popular ajuda a compreender esse desafio, pois afirma: "Formosura sem talento, galhardia de jumento".

As pessoas espertas apreciam mais alguém com talento do que um corpo que deleita os olhos. E criaram-se inclusive estereótipos de pessoas bonitas, mas privadas de talento. A beleza física é passageira e tende ao desaparecimento. A formosura talentosa tende a crescer com a idade; talvez por isso os sábios idosos exerçam tanto fascínio sobre as novas gerações.

15 de junho

Aconselhar-se

16 de junho

Há preconceitos quanto a dar conselho, pois se diz que "se conselho fosse bom, não se daria, vender-se-ia". No entanto, aconselharmo-nos faz bem, sobretudo quando não vemos claramente a realidade. Outros olhos, outros enfoques, outra percepção do mesmo fato.

Conselho costuma vir do mais idoso para o mais jovem, mas nem sempre. Quando o mais velho aconselha o mais jovem, é porque já viveu problema semelhante e conhece "o caminho das pedras", como se diz. Rejeitar simplesmente o conselho pode levar à repetição dos mesmos erros. Se aprendêssemos com os conselhos dos pais, avós etc., teríamos mais chances de ser felizes e viver mais.

A sabedoria popular adverte: "Quem não ouve conselho não chega a velho". A violência urbana e a do trânsito são provas contundentes disso, pois suas mais numerosas vítimas são exatamente os jovens, que provavelmente não curtem um bom conselho.

Modéstia

Parece que a modéstia está fora de moda, mas é boa companheira quando nos damos conta de que a pessoa não é medida pelo que tem ou aparenta ter, mas pelo que é. Daí modéstia ser sinônimo de "ausência de vaidade, despretensão". Às vezes as pessoas começam seu discurso assim: "Modéstia à parte...", e então podemos esperar as mais vistosas pavonices – os pavões que nos perdoem –, em nome de quem? Da modéstia.

O apóstolo Paulo aconselhava os cristãos a não terem de si um conceito superior do normal, para não se julgarem mais importantes que os outros, nem um conceito inferior do normal, para não se avaliarem com a medida de um rodapé. Modéstia é ter de si conceito justo, nem superior nem inferior às outras pessoas. A falta de modéstia nos faz olhar os outros do alto de um pedestal, de cima para baixo, ao passo que:

A PESSOA MODESTA OLHA OS OUTROS
À ALTURA DO CORAÇÃO E DOS OLHOS.

17 de junho

Companhias

18 de junho

Que bom sermos seres sociáveis. Mas nem sempre temos ou podemos ser boas companhias. A sabedoria popular tem razão quando diz "melhor sozinho que mal acompanhado". As companhias são tão importantes que influem em nosso caráter e personalidade. Não é por isso que se diz "dize-me com quem andas, e eu te direi quem és"?

As companhias nos transformam para o bem ou para o mal: "Junta-te aos bons e serás um deles. Junta-te aos maus e serás pior do que eles". Quase não se vê um jovem andando a sós por aí, mas sempre enturmado com sua galera. Juntos eles se sentem mais fortes, partilham seus anseios e problemas mais intensamente do que em casa com os pais. Na terceira idade, precisamos de companhia para novamente partilhar a vida, alegrias e dores.

>Quando o companheirismo desaparece dentro de casa, costuma-se procurá-lo fora. Seria essa a melhor solução a seguir?

Nem só de bom...

"O que é bom dura pouco", costumamos dizer. Isso é ruim? Se o bom durasse sempre, saberíamos valorizá-lo como merece, todos os dias? Acontece que a realidade é outra, mas também o contrário é verdade, pois se afirma: "Não há mal que sempre dure".

Assim como existem dias de sol e de chuva, alternam-se em nossa vida momentos bons e ruins. Dessa forma, quando vêm os ruins, valorizamos mais os bons. Segundo um ditado: "O dia do prazer é véspera do pesar", mas um salmo garante: "Se à noite vem o pranto, de manhã brotam gritos de alegria".

A raposa do Pequeno Príncipe, ferida de saudade, antecipava na saudade a presença prazerosa do amigo. A sabedoria popular diz ainda: "Nada como um dia após o outro", sejam eles bons ou ruins.

19 de junho

A VIDA FLUI,
E SE A DEIXARMOS IR, ELA NOS ENSINARÁ
A MINIMIZAR OS MOMENTOS RUINS
E VALORIZAR O BOM PASSAGEIRO.

Anjos

20 de junho

Anjos estão em voga. A palavra origina-se do latim, que vem do grego e significa "mensageiro", portador de boas notícias. A Bíblia fala muito de anjos, mas nem sempre eles estiveram na linha do interesse das pessoas. Começaram a aparecer numa época em que Deus foi confinado para lá do terceiro ou sétimo céu, na transcendência, porque se acreditava que ele tivesse horror da matéria de modo geral.

Surgiram assim os anjos como intermediários entre o Deus puro e santo e a humanidade impura e pecadora. São, portanto, um modo sutil de expressar o interesse de Deus pelas pessoas. Há quem não creia nos anjos e quem ponha neles toda a confiança. Ninguém é mais por crer neles, e ninguém é menos por não crer e se relacionar diretamente com Deus. Talvez creiamos neles após termos sido anjo para alguém, ou depois que alguém foi anjo em nossa caminhada.

Ser anjo é questão de desejo.
E o desejo nos dá asas.

Família

Os anos passam e a família permanece como a primeira experiência social que irá aos poucos formar o cidadão. O fato de muitas famílias serem monoparentais (só a mãe ou só o pai) não destrói sua importância. Não ter família é não ter referência e a duras penas crescer com equilíbrio. É no seio de uma família que se forja o futuro de uma pessoa. Deus gostou tanto dela a ponto de querer experimentar seu aconchego.

O Filho veio ao mundo numa família, e provou as agruras de muitas delas: pobreza, exclusão, perseguição e uma série de percalços que habitam as famílias. Alegrias também. O ancião Simeão, quando tomou no colo o bebê Jesus, disse à sua mãe que ela teria a alma atravessada por uma espada de dor. São as dores de todas as mães, de todas as marias-das-dores. Adulto, o mestre Jesus criou nova família, que não depende de laços sangüíneos:

A FAMÍLIA DOS QUE CRÊEM NA SUA PALAVRA E O SEGUEM, PRATICANDO-A.

21 de junho

Água

22 de junho

Precioso elemento essencial à vida. Sem ela, vida não há. Os antigos filósofos afirmavam que a água é a origem de todas as formas de vida. Os futurólogos garantem que em breve teremos guerras por causa da água. Sujá-la ou contaminá-la é um crime contra nós. Devemos cuidar dela como ela cuida de nós, do amanhecer ao deitar. Francisco de Assis a chamava de "irmã", casta, pura e bela. Sua ausência ou presença impetuosa são um alerta; ela pode vir a faltar para sempre ou pode destruir-nos.

Nada sacia melhor nossa sede do que um copo d'água fresca. Não tem cor, nem cheiro, nem sabor, mas é exatamente ela que enche nossa vida de cores, aromas e sabores. Nosso País tem mais de 5 mil quilômetros de praias e é uma das maiores reservas de água doce do mundo. Ela nos aponta uma realidade mais profunda mostrada pelo mestre Jesus: a sede existencial que só ele pode saciar.

Sonhos

"Eu tenho um sonho", dizia o grande líder negro. E quem não os tem? Sonhamos acordados e também dormindo. Os sonhos de olhos abertos precisam ser buscados com criatividade e perseverança, para não se tornarem ilusão. Sonhar juntos é olhar longe. Os sonhos de olhos fechados, no sono, são os e-mails da alma. Devem ser abertos, lidos e assimilados.

A Bíblia ensina que Deus se comunica mediante os sonhos. Ainda hoje há gente que faz deles o seu diretor espiritual. Os sonhos, inclusive os pesadelos, nos são concedidos para o nosso bem, não para nos oprimir e assustar. Quanto mais os valorizamos, mais eles nos valorizam e visitam. Todos sonhamos a noite inteira, queiramos ou não. Quem diz que não se lembra dos sonhos deveria dar valor à visita deles, pois só se apresentam se valorizados.

23 de junho

Não deixe que seus sonhos,
os de olhos abertos ou os do sono,
caiam no vazio.

Tempos

24 de junho

Há pessoas afirmando não terem tempo para nada. E outras que garantem: Se você precisa de um favor, não peça a quem diz que não tem tempo, mas peça a quem já tem muito por fazer. O tempo, de certo modo, somos nós que o fazemos. Dizer que não tenho tempo talvez signifique que não quero ter tempo.

A Bíblia tem um trecho magistral sobre esse tema e garante que na vida há tempo para tudo: nascer e morrer, plantar e colher, destruir e construir, chorar e rir, gemer e bailar, atirar pedras e recolhê-las, abraçar e separar, procurar e perder, guardar e jogar fora, rasgar e costurar, calar e falar, amar e odiar, tempo para a guerra e tempo para a paz.

Quando não gostamos do tempo que vivemos, sugere-se "dar tempo ao tempo", pois nosso relógio vital contempla tempo para tudo. Sabendo disso, as pessoas têm mais chances de aproveitar bem qualquer momento que estejam vivendo.

Horizontes

Os horizontes da vida têm a grandiosidade de nosso olhar. Se nossa perspectiva for positiva e aberta, nossos horizontes serão ilimitáveis; se for negativa e tacanha, os horizontes terminam aí. Ter horizontes permite superar barreiras e surpreender-nos com o potencial que andava adormecido no fundo de nossos porões.

Zezinho costumava falar da perspectiva da aboboreira – que ela nos perdoe: seu horizonte é de apenas alguns metros ao redor. Ao contrário, a perspectiva do rio é ir crescendo, avolumando-se, recebendo afluentes, até chegar ao grande oceano e identificar-se com ele.

Quando era apenas um córrego, ter praias era simplesmente um sonho, realizado às custas de tanto correr em direção ao mar. Não ponha limites a seus horizontes, para não ter a perspectiva da aboboreira.

25 de junho

Permita que seus horizontes ilimitáveis
povoem seus sonhos
e alimentem seu caminhar.

183

Semear

26 de junho

O semeador é um invencível apostador na vida. Crê em primeiro lugar na força da semente e, sem forçá-la ou fazer-lhe violência, lança-a à terra. Crê igualmente na cumplicidade fecunda da terra, que abre seu seio para acolher a semente e despertá-la para a vida. Crê no mistério da vida e espera paciente que ele se revele em frutos.

O mestre Jesus contou algumas parábolas com o tema "semente" para falar dele próprio e da novidade que trouxe à humanidade: o reinado de Deus.

O apóstolo Paulo considerava sua atividade de evangelização uma semeadura: ele lançou a semente, outro a regou, mas era Deus quem concedia o crescimento. O semeador sabe que parte daquilo que semeia se perde por vários motivos. Mas não desiste. As perdas eventuais são compensadas pela colheita abundante.

Sim, os frutos maduros
garantem que vale a pena semear
e fazem-nos esquecer as possíveis perdas.

Lágrimas

27 de junho

Os frutos mais preciosos são os que regamos com nossas lágrimas. Há um salmo que diz: "Quem semeia entre lágrimas, entre sorrisos irá colher". Chora-se ao ir lançando a semente, mas canta-se de prazer ao recolher os feixes.

Conta-se a história de dois homens que foram consultar um velho sábio que morava no alto de uma montanha. E o ancião lhes pediu um favor: por muitos dias seguidos eles deviam subir a montanha com duas latas d'água cada um. Acontece que as latas de um deles tinham furos, e quando chegava à presença do velho sábio, estavam praticamente vazias.

Passados muitos dias, e vendo que pouco ou nada conseguia, o homem das latas furadas queixou-se com o ancião da inutilidade de seus esforços. O velho sábio, então, mandou-o descer a montanha e observar os lados do caminho por onde subira com as latas pingando: estavam cheios de flores que sem perceber havia regado. Então compreendeu.

O pouco que é muito

28 de junho

A sabedoria popular garante que "o pouco com Deus é muito". De fato, o mestre Jesus, com poucos pães e peixes, saciou multidões. A sabedoria popular diz ainda: "Mais vale um passarinho na mão do que dois voando", sinal de que a febre de ter mais e sempre mais não garante a felicidade. Feliz quem sabe contentar-se sem se aniquilar.

"Pouco e em paz muito me faz", garante outro dito popular. Já ouvi gente de posses afirmar que preferia dormir embaixo de viaduto a morar em mansão em que não há paz. Quando se vive em paz dentro de quatro paredes, um prato de verdura tem mais sabor que as iguarias de um banquete regado a rixas.

O apóstolo Paulo, seguindo o comportamento de alguns filósofos da época, afirmava que não se deixava perturbar com a falta de recursos nem com o excesso deles.

A confiança do apóstolo Paulo
estava radicada além,
onde o pouco com Deus é muito
e o muito sem ele é nada.

Saco sem fundo

A Bíblia diz que "quem cobiça ganhos desonestos acaba arruinando sua própria casa, mas quem odeia o suborno viverá". A opção pela cobiça e corrupção pode ser um caminho sem retorno, pois costuma-se dizer que "a avareza é saco sem fundo", insaciável como o abismo e a morte. E o caminho do mal e da violência permite poucos retornos.

A sabedoria popular diz também: "Quem quer o que é dos outros perde o que é seu". E perde não apenas bens materiais, mas sobretudo valores como liberdade, bom nome, amigos, credibilidade...

O mestre Jesus contou a parábola do rico fazendeiro, cujas terras produziram supersafra. Dessa forma, decidiu derrubar celeiros para construir outros maiores e gozar a vida, como se ela fosse garantida pela quantidade de bens. Jesus chamou-o de louco e fez-lhe ver que naquela mesma noite iria morrer, deixando para outros os bens acumulados. Podemos chamar a isso de vida?

29 de junho

Com justiça

30 de junho

"Mais vale pouco com justiça do que muitos ganhos violando o direito", diz um provérbio bíblico. E a sabedoria popular confirma: "Antes pouco e honrado do que muito e roubado".

Que educação poderão dar os pais aos filhos quando o corrupto e o dono do alheio são considerados heróis e apresentados como modelos para a juventude? Em outras palavras, será que ainda vale a pena ser honesto? Até quando a impunidade vai acobertar crimes e violência sem conta?

As grandes fortunas quase sempre são fruto do sangue dos pequenos, em outras palavras, sobre elas pesa uma hipoteca social. O mestre Jesus garantiu que se a justiça de seus seguidores não superasse a "justiça oficial", eles não entrariam no reinado de Deus. E disse mais, mandou buscar em primeiro lugar o reinado de Deus e a sua justiça, de modo que tudo o mais viria por acréscimo.

NÃO SÃO OS BENS
QUE TORNAM HONRADA UMA PESSOA,
MAS O SENSO DE JUSTIÇA.

Educandos

É normal os pais corrigirem os filhos; os professores, os alunos, e os treinadores, os atletas etc. Somos todos educandos. Aprendemos a respeitar os sinais de trânsito, e nos educamos; aprendemos a respeitar as filas, e ganhamos respeito. A vida é um contínuo educar-se. Quem aceita essas regras e entra no jogo torna-se sábio. Quem as rejeita torna-se insensato ou louco.

A Bíblia diz: "Mais aproveita ao sábio ser repreendido que ao louco ser ferido". O louco não aprende com as cabeçadas que dá, e por isso não amadurece. "Eu sou assim e ponto", diz quem declinou do permanente aprendizado da vida.

O fluir da vida nos reserva muitas surpresas, e é sabedoria aprender com elas. Até os animais aprendem continuamente às custas de condicionamentos. Muitas vezes o mestre Jesus dizia: "Quem tem ouvidos para ouvir, ouça". E quem não os tem? Mas nem todos são capazes de ouvir.

1º julho

Silêncio é ouro

2 de julho

"Em boca fechada não entra mosquito", não é verdade? Nem saem maledicências – pode crer. Palavras ditas pelas costas são punhaladas fatais. Denigrem mais quem as profere do que a pessoa caluniada. Um ditado popular garante: "Quem fala mal do ausente dá gosto ao diabo e à gente". Não dê atenção nem valor às pessoas que não se contêm de falar mal dos outros, porque com você a vítima é o outro, mas com o outro a vítima será você.

Um dia as máscaras cairão, porque há um ditado que diz: "Quem fala o que quer ouve o que não quer". Além disso, falar mal do ausente é covardia, pois não se lhe dá a chance de se defender. O mestre Jesus aconselhou: Quando tiver algo contra alguém, converse com essa pessoa logo que puder. Antes mesmo de oferecer um sacrifício a Deus:

Deixe aí diante do altar a sua oferta e vá buscar reconciliação com o próximo. Depois, venha fazer sua oferta.

Espalhar?

É bem conhecida a receita de um santo homem de Deus a uma pessoa que vivia espalhando calúnias e destruindo a paz. Quando a encontrou, pediu-lhe um favor: ela devia ir para casa, pegar uma galinha e, enquanto se dirigia à casa do homem de Deus, depenar lentamente a penosa. E fez. Chegando à frente do homem de Deus, a galinha estava toda depenada. "Agora volte e recolha todas as penas", ordenou. "Impossível, respondeu a pessoa, o vento levou todas embora". "É o que acontece com suas calúnias, saídas de sua boca."

Com palavras podemos destruir pessoas. Difícil é devolver-lhes a dignidade e o respeito devido. As calúnias têm sua gasolina: "Parece que... Ouvi dizer que... Disseram que...". Na boca da próxima pessoa, a dúvida se torna certeza. E a explosão é certa. Há um salmo que pode ser hoje nosso pedido:

Senhor, esconde-me das intrigas,
protege-me com a palma de tua mão.

Presentes

4 de julho

Presentear é coisa divina. E Deus é o grande presenteador. Deu à humanidade a vida, o mundo, tudo, até a si mesmo como dom na pessoa do Filho feito gente como nós.

A Bíblia mostra o povo de Deus presenteando o Criador com os frutos da terra. Embora nossos dons não sejam necessários a Deus, ele os aceita e se contenta até com o simples gesto.

Quando presenteamos Deus, aprendemos a ser gratos; quando presenteamos as pessoas, aprendemos a ser generosos. É bom dar e receber presentes. A sabedoria popular garante: "Presentes quebram penhascos". Eles não devem ser medidos pelo preço, mas por aquilo que significam.

Um carro novo pode não ter o valor de um cartão de aniversário, se com o cartão a pessoa se deu de presente. Presenteie sempre que possível, dando-se como presente. E dê presentes a si próprio.

Você merece presentear-se,
para que sua auto-estima
dê cor e sabor à sua vida.

Ter ou ser?

O povo vê alguém bem-vestido e o trata de doutor. Vê um maltrapilho e foge dele com horror. A sabedoria popular, infelizmente, reconhece: "Quem não tem não é tido". É a lógica do ter querendo suplantar o ser. Outro dito popular diz: "No homem sem tostão, urina nele até seu cão". E os crimes de colarinho branco?

O mestre Jesus não se deixou engabelar, desmascarando pessoas e grupos que pretendiam dizer quem eram, ostentando o que possuíam. Revelou-lhes o que nutriam por dentro e se refletia fora; mostrou-lhes o que faltava dentro para terem de ostentar aparências – pra inglês ver, como se diz.

É necessário ter o mínimo necessário para viver com dignidade, mas ninguém pode furtar-se de ser o que deveria ser. Se alguns afirmam que quem tem é tido, com maior razão podemos proclamar que quem é jamais deixará de ser. Trata-se de escolher entre o ter que esvazia e o ser que preenche.

5 de julho

Consultar o travesseiro

6 de julho

Saem à luta cotidiana o honesto e o corrupto. Provavelmente o honesto terá mais dificuldades em conservar a honestidade do que o corrupto a corrupção. No fim do dia, voltam para casa, o honesto talvez frustrado, o corrupto, satisfeito. Quem, todavia, dormirá em paz? O dito popular afirma: "O melhor travesseiro é a consciência limpa".

O mestre Jesus disse que o caminho que conduz à vida é estreito e difícil, ao passo que o da perdição é largo, espaçoso e fácil. Porém, onde vão terminar os dois? O primeiro salmo da Bíblia garante que Deus conhece o caminho do justo, mas o caminho do injusto se perde. E penso que não exista coisa pior quando Deus entrega o corrupto à sorte do próprio caminho. A viagem pode ser fatal.

Aconselhe-se com o travesseiro todas as noites, que ele lhe dirá se o caminho percorrido de dia conduz à vida ou à perdição.

TRAVESSEIRO E CONSCIÊNCIA COSTUMAM
ALIAR-SE PARA SALVAR VOCÊ.

Tentativas

A vida é feita de tentativas. Tentações são no fundo tentativas de realização pessoal. Nelas, há sempre uma margem de risco, ou seja, possibilidades de perdas ou ganhos.

Alguém dizia que "quem arrisca, arrisca errar; quem não arrisca erra sempre". Nós dizemos: "Quem não arrisca não petisca". Contudo, a pessoa ponderada calcula o risco; a destrambelhada não pondera e pode arriscar algo que tem altíssima probabilidade de fracassar. O ditado adverte: "Atrás da má procura vem a má ventura".

Se a vida comporta riscos, nem por isso devemos sempre arriscar a vida. O mestre Jesus sofreu tentações – no fundo eram tentativas, sugestões. Mas, com discernimento e ponderação, descobriu-as como ciladas, não como possibilidades de realização de seus objetivos.

7 de julho

SEJA AO MESMO TEMPO
PESSOA PRUDENTE E CORAJOSA
NAS TENTATIVAS DE REALIZAÇÃO PESSOAL.

Ciúme resolve?

8 de julho

A Bíblia diz que Deus tem ciúme do povo. O apóstolo Paulo sente pelas comunidades que fundou um ciúme igual ao de Deus. Isso é suficiente para se afirmar que ciúme é coisa boa? O ciumento quer o bem da pessoa. O ciúme é um sentimento doentio? Preza a liberdade do outro ou é pura possessão sufocante?

Como se sente a pessoa de quem tenho ciúmes: agradecida, envaidecida, amargurada, oprimida? Será o ciúme como o sal: um pouco faz bem, em demasia faz mal? Se um marido tem incontido ciúme, não estaria semeando desconfiança na relação, a ponto de levantar suspeitas de infidelidade na companheira, como se ela fosse gente sem valor? Não ter ciúme é a mesma coisa que não amar? Pode-se dizer que ciúme é o mesmo que amor? Então, por que matamos por ciúme? O amor mata ou preserva e promove a vida? Que vida é essa que vem do ciúme?

Permitir-se

Crescemos à base de padrões comportamentais nem sempre adequados à nossa formação. Os meninos aprenderam que homem que é homem não chora; as meninas, então, sofrem mais ainda o impacto dos padrões comportamentais. Alguns receberam o condicionamento do perfeccionismo: não é permitido errar nunca.

Além disso, boa parte da vida é consumada em fazer coisas para os outros. E passamos mais da metade da vida sem permitir-nos nada: nem chorar quando precisamos chorar, sentir e expressar fraqueza quando nos percebemos fracos... Não achamos justo tomar um tempo para si, fazer coisas para si. E a vida passa, inexorável. Permita-se tudo o que não venha a causar-lhe sofrimento. Tome tempo para si, cuide de si, faça coisas para si, coisas que nunca teve chance de fazer.

> SE NA SEGUNDA METADE DA VIDA
> NÃO NOS TOMARMOS NO COLO
> E NÃO CUIDARMOS DE NÓS MESMOS,
> QUEM O FARÁ POR NÓS? NINGUÉM.

9 de julho

Reverência

10 de julho

Conta-se que em certa região, famosa por suas escolas de teologia, aconteciam seminários e congressos cujo tema era Deus. Todos acorriam a esses eventos, menos um ancião de pouca fala. Quando todos iam escutar os teólogos, ele se dirigia à beira de um lago, prostrava-se no chão, e ali ficava horas, sem nada falar. Ao se levantar, o rosto trazia uma expressão marcada pela serenidade, paz, alegria... Sua teologia era feita de reverência e de silêncio respeitoso diante do mistério.

Conta-se também que o famoso Agostinho de Hipona andava absorto pela praia, tentando desvendar o mistério da Trindade, quando viu um menino com um balde querendo pôr toda a água do mar num buraco na areia. "Você não vê que é impossível?", perguntou-lhe. E ele respondeu: "É mais fácil eu conseguir isso do que você desvendar o mistério da Trindade".

Lazer

11 de julho

A Bíblia conta duas histórias da criação. Na primeira, fala-se que a humanidade foi criada no sexto dia, às vésperas do *shabbat*, o dia do descanso e da festa, dia de comunhão com as pessoas e com Deus. Dizem os estudiosos que essa narrativa surgiu quando o povo de Deus estava exilado na Babilônia, escravo sem direito a descanso ou lazer.

Uma das grandes contribuições que os judeus deram à humanidade foi justamente o dia de descanso, um freio na roda do fazer mecânico. O homem não é máquina, e assim como precisa dormir tantas horas por noite, tem o direito inalienável ao lazer.

A Bíblia – num contexto escravista – prevê descanso também para escravos e animais de carga ou tração. Enganam-se os que pensam que lazer seja privilégio apenas de quem tem para gastar.

O MESTRE JESUS, ALÉM DE CONVIDAR SEUS DISCÍPULOS AO DESCANSO, COMPADECEU-SE DO POVO "CANSADO E ABATIDO COMO OVELHAS SEM PASTOR".

Preconceito

12 de julho

Existe algo tão doce, saboroso, dietético e nutritivo como o mel? Ajuda inclusive a subir a pressão arterial. Com ele se fazem coisas divinas. No entanto, o mel é fruto do regurgito das abelhas. Colhem o néctar das flores, transformam-no em mel no estômago e o devolvem aos alvéolos da colméia.

Você já comeu camarão, certo? Gostou? Talvez não tenha gostado do preço. Mas ele continua sendo unanimidade nacional. Você sabe que o camarão é responsável pela limpeza pública do fundo dos mares? Todos os dejetos são consumidos como alimento pelos simpáticos camarões. E nem coram de vergonha! É por isso que nos aquários domésticos costuma-se ter camarões de água doce. Com os cascudos, eles transformam em alimento todo o lixo que os outros peixes produzem. E agora, José: deixar de comer mel e camarões ou de ser preconceituoso e viver e deixar viver, sem medo de ser feliz?

Livre!

Um sábio oriental disse que "a criança encontra sua mãe quando deixa seu ventre". Ser livre pode comportar um paradoxo: romper com o cômodo, fácil, aconchegante. O mestre Jesus desafia-nos a conhecer a verdade para que ela nos liberte.

O apóstolo Paulo afirma que Cristo nos libertou para que sejamos realmente livres. No caminho para a liberdade há um trono enorme que o atravessa. Se você subir ao trono, poderá sentir-se rico, famoso, poderoso, onipotente e sedutor. Mas você só será livre se descer do trono e o destruir completamente. Então, além de livre, você poderá contemplar Deus face a face.

Não troque sua liberdade por nenhuma prisão dourada, porque ela é o grande presente que Deus lhe deu. Se ele não tivesse feito você pessoa livre, não poderia ser chamado de Deus; seria simplesmente um ídolo, ao qual você deveria sacrificar tudo o que possui de mais precioso:

A LIBERDADE E A VIDA.

13 de julho

Flauta

14 de julho

A vida é como uma flauta emprestada que recebemos de Deus ao nascer. Aos poucos, vamos aprendendo o que fazer com ela, tiramos dela as mais variadas melodias. Quando nos tornamos bons tocadores, Deus se deleita com nosso talento, e nossas canções povoam sua morada de felicidade.

Alguns, contudo, não sabem o que fazer com a flauta, pois desprezam o vil e seco bambu de que é feita, quebram-na e jogam fora. O Criador se entristece, pois é uma flauta a menos na orquestra da qual ele é maestro. E faltará um solo de flauta no grande concerto.

Quando não houver mais sons para extrair de nossa flauta, então a devolvemos a seu dono – porque era emprestada. Ele não a desprezará e, sendo Deus, perfeita melodia, nos transformará em flauta preciosa e única, que ele próprio tocará, para extrair dela os sons que só ele sabe produzir em nós. E seremos melodia eterna.

Saber com sabor

O mestre Jesus louvou o Pai celeste por ter revelado seus mistérios aos pequenos que o aceitaram como Sabedoria de Deus. Os sábios e entendidos, ao contrário, enclausuraram-se em sua ciência e se fecharam à Sabedoria que comunica a vida.

O apóstolo Paulo diz que a ciência incha, mas o amor constrói. Existe, pois, uma sabedoria que não se aprende nas faculdades, mas na escola da vida das pessoas simples, boas e retas. De nada adiantam os títulos acadêmicos pendurados na parede, se o dono deles não tiver a sabedoria da vida, característica das pessoas humildes.

Pessoas sem títulos acadêmicos costumam ser mais sábias que doutores e cientistas. Possuem o saber com sabor de vida, que não anula a erudição, mas coloca-a no seu devido lugar, para que não se divinize. Peça a Deus o saber com sabor:

Senhor, dá-me um pedacinho
desse saber com sabor
que despreza toda a sabedoria do mundo.

15 de julho

Descobrir Deus

16 de julho

Zezinho contou a história de um homem que desejava descobrir Deus mas não conseguia. Certa noite, num sonho, apareceu-lhe um anjo bom para ajudá-lo. Nele, via uma montanha de presentes ricamente embalados. Antes que perguntasse o que representavam, o anjo explicou-lhe que aqueles presentes eram as coisas boas que tinha recebido ao longo da vida.

O anjo desfez aos poucos a montanha: o presente da vida, da família, da saúde, da fé, dos amigos, da inteligência, da capacidade de amar; o dom da natureza, o céu para sonhar, a terra para plantar, o mar... À medida que ia desmanchando a montanha de dons, uma luz intensa começou a brilhar por trás da montanha. Essa luz era o próprio Deus. Então ele compreendeu que é fácil descobrir Deus quando o buscamos no livro da vida. E tomou uma decisão:

O MUNDO, AS PESSOAS
E TODAS AS COISAS CRIADAS
SERIAM PARTE DA GRANDIOSA
IMAGEM DE DEUS.

Feliz a sós?

Alguém disse que não bastava ser feliz, mas, para coroar sua felicidade, precisava ver infelizes todos os outros. Será que para ser feliz é preciso que os outros sejam infelizes? Não é possível ser feliz com a felicidade dos outros? É possível ser feliz sozinho, se felicidade deve ser partilhada?

A Bíblia registra a primeira expressão de felicidade humana e o primeiro poema de amor justamente quando Deus cria o outro – a mulher. A felicidade de Adão é o surgimento de Eva, e vice-versa. Adão exclama: "Esta, sim, é carne de minha carne e ossos de meus ossos!".

O apóstolo Paulo recomendou chorar com quem chora e alegrar-se com quem se alegra, pois, como se diz, dor partilhada diminui, e alegria repartida aumenta. Não é possível ser feliz sozinho, menos ainda chamar de felicidade o rir da desgraça alheia. Deus, antes de criar a mulher, reconheceu: não é bom que o homem esteja só. Porque não seria feliz.

17 de julho

Doar-se

18 de julho

Atribui-se – impropriamente – a Francisco de Assis uma oração que diz, entre outras coisas, "pois é dando que se recebe". Essa expressão – tirada de seu contexto – prestou-se às mais horrorosas aberrações, sobretudo no campo da política e da economia, "abençoando" corruptores e corrompidos. Pobre Francisco de Assis, que desconhecia o tráfico de interesses e influências. Ele simplesmente queria dizer que, quando damos às pessoas, Deus nos recompensa sempre mais.

Dar-se ou doar-se não nos esgota ou esvazia, porque é Deus quem nos abastece. Pobres de nós se nos esvaziássemos ao nos doar. Pelo contrário, quem se doa é como o poço alimentado misteriosamente no seio da terra: quanto mais água fornece, mais água recebe.

DOAR-SE É ASSEMELHAR-SE A DEUS,
QUE AMOU TANTO O MUNDO
A PONTO DE ENTREGAR SEU FILHO ÚNICO
PARA SALVAR O MUNDO.

Vencedor

19 de julho

Há mais de um modo de ser vencedor. O mais comum – para muitos o único – é quando o adversário acaba derrotado. É o que experimentamos todos os dias nos esportes, na política e em tantos outros setores da vida. Mas existe outra forma – aparentemente paradoxal – de ser vencedor: vencer sem derrotar ninguém.

Se há derrotados, não são pessoas, mas obstáculos, dificuldades, preconceitos, limites pessoais. A pessoa que atingiu a sabedoria da vida – o saber com sabor – pode-se considerar vencedora, mas chegou a esse ponto sem derrotar ninguém e, menos ainda, sem humilhar os outros.

Portadores de necessidades especiais costumam ser grandes vencedores, se não nas pistas de atletismo, pelo menos nas pistas da vida. Os grandes vencedores não são os que derrotam pessoas ou grupos, mas os que se superam além das próprias expectativas.

Todos podem ser um vencedor que vence sem derrotar ninguém.

A vida flui

20 de julho

A vida flui, deixe-a ir, como fluem as águas de um rio. Não queira ser dos que apressam o dia da chegada, nem dos que pretendem nunca chegar à hora em que a vida deixa de fluir sozinha para entrar no mar infinito. A vida flui, deixe-a fluir.

O mestre Jesus disse que ninguém consegue, às custas de afã, crescer um centímetro. O dia de ontem é passado, é história. Você não consegue voltar lá para acrescentar coisa alguma. O dia de amanhã é futuro e, como se diz, o futuro a Deus pertence.

Se você tiver vontade de olhar para trás, que seja com intenção de olhar mais atentamente para a frente. A vida flui, deixe-a fluir, como navegam no céu azul as nuvens brancas, levadas pelo vento para o desconhecido. Só leve na sua bagagem uma bússola, para não perder o sentido ou a direção do seu caminhar.

NÃO QUEIRA SER ADULTO
ANTES DO TEMPO E, UMA VEZ ADULTO,
NÃO VOLTE A SER CRIANÇA,
POIS A VIDA FLUI. DEIXE-A FLUIR.

Brincar

Brincadeira é coisa séria. Alguns acham que é coisa de criança. O mestre Jesus garantiu aos adultos que se não voltassem a ser como crianças não entrariam no reinado de Deus. Já foi dito que se o mundo estivesse nas mãos das crianças, ele seria uma grande brincadeira, sem o mau humor dos adultos que não sabem brincar.

Muitas terapias para curar adultos de suas neuroses são feitas de jogos e brincadeiras. Aqueles que sabem brincar conseguem levar a vida mais a sério do que todos os que não se divertem. Um idoso brincalhão revela ser uma pessoa satisfeita consigo mesma, com a vida e até com Deus.

Jesus lamentou que sua geração se comparasse a crianças mal-humoradas e incapazes de brincar, seja de velório, seja de casamento. De que adianta ficar sisudo diante dos problemas da vida? A cara fechada ajuda a superá-los?

SABER BRINCAR FAZ BEM AO CORPO E À ALMA E NOS TORNA MAIS HUMANOS E SOCIÁVEIS.

21 de julho

De onde vem o sorriso?

22 de julho

O nome Isaac significa sorriso. Todos sabemos que é melhor rir do que chorar, e o que nos faz chorar pode fazer-nos sorrir. Você sabe como nasceu o sorriso? Ele vem do próprio Deus. A primeira história da criação – na primeira página da Bíblia – conta que Deus sorriu 7 vezes ao criar as coisas. Um sorriso de satisfação, de prazer.

Criou a luz, e sorriu de contente. Criou a terra e o mar, e sorriu de satisfação. A terra produziu toda espécie de vegetação com semente, e Deus sorriu de prazer. Criou os luzeiros para presidirem o dia e a noite, separando luz e trevas, e sorriu novamente. Criou todo ser que se move nas águas, e voltou a sorrir. Criou todas as espécies de animais, e sorriu de contentamento. Criou a humanidade, capaz de sorrir, e gargalhou, porque estava tudo muito bem-feito.

A criação poderia ser chamada de
"as 7 gargalhadas de Deus".
E você, já se alegrou com ele hoje?
Ele conseguiu fazer você sorrir?

Cantar

Um ditado atribuído a Agostinho afirma que "quem canta reza duas vezes", e a sabedoria popular garante que "quem canta seus males espanta; quem chora seus males adora". Cantar pelo prazer de cantar, para manifestar alegria e gratidão, é próprio do ser humano. Dizem os peritos que o suave canto dos pássaros – para nós maravilhoso – é uma demarcação de território. Ao cantarem, as aves avisam seus rivais de que aquele pedaço tem dono.

A música é parte integrante de nosso cotidiano. Zezinho contava que, na sua terra, nos tempos de infância, os agricultores costumavam cantar durante os trabalhos na roça. Cantar faz bem à alma e alegra o coração. Não deixe de cantar, pois quem canta é porque está de bem com a vida. É impossível cantar de cara amarrada.

23 de julho

SE CANTAR MANIFESTANDO PRAZER
OU ALEGRIA É PRÓPRIO DO SER HUMANO,
O QUE DIZER DE QUEM NÃO GOSTA DE CANTAR?

Reciprocidade

24 de julho

Há um ditado que diz: "Uma mão lava a outra, e as duas lavam o rosto". Reciprocidade (recíproco) vem do latim e significa algo que vai e vem em movimento alternado. Os antigos, antes de conhecer as moedas, viviam em regime de reciprocidade ou partilha. O excedente da produção era trocado por outros produtos.

As abelhas e as flores praticam a reciprocidade. Ao mesmo tempo que colhem o pólen e o néctar, as abelhas polinizam as flores, tornando-as fecundas. Difícil dizer quem ganha mais com a reciprocidade: as abelhas ou as flores. Mas a sobrevivência de ambas depende do doar-se para receber, do receber doando-se.

Quando houver mais reciprocidade entre as pessoas, as exclusões desaparecerão. Dias atrás parei diante de um pedinte, sem nada ter no bolso. Dei-lhe um pouco de tempo e de afeto. E acabei ganhando um belo sorriso que me entrou pelos olhos e aninhou-se no coração.

Amanhecer

Para o povo da Bíblia, o amanhecer é a hora dos favores divinos. Imaginava-se Deus como o provedor que sai de manhã para inspecionar sua obra e providenciar o que falta. O mestre Jesus gostava desse costume, e fazia de manhã suas orações. Os monges também.

O amanhecer é bonito porque tem asas de ressurreição. Dissipam-se as trevas e surge a luz. A vida recomeça. O amanhecer nos diz que é preciso ressuscitar a cada manhã. Se por acaso você perder o sentido da caminhada, tente pelo menos um dia acordar cedo e contemplar o amanhecer.

Você se sentirá como um salmista que decidiu despertar a própria alma e seu instrumento musical para acordar a manhã: "Desperta, glória minha! Despertem, cítara e harpa, que eu vou despertar a aurora!". Se é gostoso ficar na cama de madrugada, é igualmente prazeroso contemplar o amanhecer, o despertar da natureza, convidando a mais uma aventura de viver.

25 de julho

Entardecer

26 de julho

Se no amanhecer tudo convida a renascer, o entardecer é pura gratidão. Como o sol se inclina sobre o horizonte, o entardecer sugere que nos inclinemos diante do Senhor da vida e da história, depondo aos pés dele a nossa vida, num cesto dourado e cheio de frutos maduros. No entardecer – de cada dia e de toda a vida –, acendemos a lamparina de nossa fé, para que ilumine os passos de nossa jornada até o despontar do novo dia.

O entardecer é nosso mestre: com o cansaço, ensina-nos que devemos ter cuidado com o corpo; com as falhas, educa-nos a ser misericordiosos; com o trabalho realizado, faz-nos sentir cocriadores ao lado do Criador de todas as coisas. Devolve-nos a esperança de que amanhã será novo dia, que o sol nascerá para todos, que a vida continuará vencendo e fazendo-nos vencedores.

Se o entardecer trouxer saudade,
é porque o dia valeu a pena,
pois ter saudade é amar.

Fugacidade

Uma bolha de sabão, a fumaça de um cigarro, o reluzir de um relâmpago... coisas fugazes, metáforas desta vida fugaz. Quando nos damos conta, a vida passou, efêmera e fugaz. Dá vontade de clamar ao Senhor da vida: "Ó tu, que possuis a eternidade, transforma nossa fugacidade em momento eterno". Dizia um salmo: "Setenta anos é o tempo da nossa vida, oitenta anos, se ela for vigorosa. E a maior parte deles é fadiga inútil, pois passam depressa e nós voamos".

A vida só não se torna coisa fugaz se lhe dermos um eixo, um sentido que transcenda a fugacidade, e esse eixo-sentido se chama amor. Quando amamos, todos os momentos e gestos se eternizam. Esse sentimento tem poder de perenizar qualquer pequeno gesto e momento, subtraindo-os à fugacidade e dando-lhes brilho de eternidade. Pois é a morte que torna fugaz a vida; mas:

> É O AMOR QUE ARREBATA A VIDA
> DAS GARRAS DA FUGACIDADE
> E A TRANSPORTA PARA O TERRENO
> DA ETERNIDADE.

27 de julho

Potes

28 de julho

Quando alguém nasce, lá no céu o Criador toma um pote de barro e o divide em dois. Crescida, a pessoa busca misteriosamente encontrar sua metade e se unir a ela para recompor o pote. Uns encontram logo essa metade noutra pessoa ou em algo que os complete; outros demoram mais tempo; outros ainda, forçam a união com a metade errada, e nunca se tornarão potes verdadeiros e completos. Alguns, por várias razões, rompem a união, e jamais voltarão a ser potes perfeitos.

No fim de tudo, o Criador dará um grande banquete, regado com preciosos vinhos. Aqueles que mantiveram inteiro o seu pote se inebriarão com os vinhos excelentes. E o próprio Criador provará do vinho neles contido. Por isso é importante encontrar a metade certa para compor um pote perfeito, segundo o modelo feito pelo Criador. O mestre Jesus certa ocasião declarou:

Aquilo que Deus uniu
o homem não tem o direito de separar.

Líderes?

A humanidade está carente de lideranças boas, de personagens nacionais e internacionais que sejam pais e mães de toda a humanidade, e não apenas de um povo. As pessoas que mais se destacam no cenário internacional são marcadas pela violência impiedosa e pelas múltiplas formas de terrorismo, como se não houvesse mais espaço para o diálogo e a fraternidade entre os povos.

As lideranças políticas quase sempre estão envolvidas com corrupção, dando às novas gerações a sensação de que o caminho da injustiça vale a pena. É um caminho largo e fácil, porque está amparado pela impunidade.

O mestre Jesus mostrou, sob a metáfora do pastor, o perfil de toda liderança: política, religiosa, social... O pastor, em vez de tirar a vida do rebanho, dá por ele a vida. A grande experiência que o povo de Israel fez do pastoreio de Deus foi a libertação da escravidão egípcia. Não existe, portanto, pastor que não tenha libertado seu rebanho.

29 de julho

Leveza

30 de julho

Aprecie por um momento a leveza da borboleta. Parece tão frágil e incapaz, porém, sua leveza é fundamental quando entra em contato com as flores. Aprecie a leveza da libélula: não quebra o junco sobre o espelho d'água. Aprecie a leveza do dente-de-leão. Suas sementes são levadas suavemente pelo vento, povoando outros terrenos...

Nosso mundo ocidentalizado pensa que a força bruta supera a leveza. Há pessoas crendo poder resolver tudo na porrada. Pés-de-boi, brucutus, truculentos e gangues parecem donos da verdade ou pelo menos pensam ter o método certo de convencimento a respeito da verdade.

É preferível a leveza, que é mais forte, mais nobre e chega à verdade sem traumas ou traumatismos. Aquilo que os brutos pretendem alcançar pela força, a leveza alcança pela súplica e perseverança. A história bíblica de Ester o comprova:

O PODER DA LEVEZA
VENCEU O PODER DA TRUCULÊNCIA.

Vitória

31 de julho

O que é vitória? O que é uma pessoa vitoriosa? Conhecemos o episódio do violinista Nicolau Paganini numa noite ao mesmo tempo infeliz e vitoriosa. Começado o concerto, uma das cordas do violino arrebentou-se. Toda a orquestra parou, mas ele continuou. Uma segunda corda arrebentou, e a orquestra parou; mas ele continuou executando sua partitura com as duas cordas restantes. A terceira arrebentou, e todos pararam. E ele não deixou de tocar. Executou o resto da partitura com a única corda que sobrara. O final foi apoteótico e o público delirou. A maioria das pessoas se orienta pelo que os outros dizem ou fazem: caminham quando eles caminham, param quando eles param. O caminho comum nem sempre conduz à vitória. Às vezes pode conduzir à mediocridade.

> A VITÓRIA É A ARTE DE CONTINUAR
> QUANDO TODOS DECIDEM PARAR.
> OUSAR É CAMINHO PARA OBTÊ-LA.

Devolução

1º de agosto

A vida é um empréstimo de Deus. Conta-se que havia um casal com dois filhos. Amavam-se reciprocamente. Certo dia, estando a sós em casa, a mãe recebeu uma notícia horrível: seus dois filhos acabavam de morrer num acidente de carro.

Tirando do fundo da alma a força necessária para superar o desespero, pensou no modo de comunicar o acontecido ao esposo. Telefonou-lhe que viesse logo. Quando ele chegou, começou a contar-lhe um fato: "Há muito tempo, um senhor rico me confiou duas pérolas de incalculável valor. Eu as guardei e cuidei delas, até que esse senhor apareceu e me pediu de volta o que era seu. O que você acha que eu devo fazer?". "Devolva ao dono o que lhe pertence", afirmou o marido.

Foi então que ela fez a revelação: as duas pérolas preciosas eram os filhos deles, e o dono desse tesouro era o próprio Deus. Quando entendemos essas coisas, a morte se torna menos trágica.

Brilho próprio

Num pára-choque de caminhão se lê: "Não me inveje, trabalhe". A inveja faz as pessoas perderem a auto-estima, crendo-se infelizes, incapazes e inferiores aos demais. Na verdade, cada pessoa tem dentro de si um tesouro – um brilho próprio. Mas, às vezes, em lugar de fazer aparecer o próprio brilho, inveja-se "a galinha do vizinho", depreciando-se ao comparar-se com os outros.

Conta-se que, numa noite de lua cheia, um pirilampo voava à procura de sua amada. A lua vaidosa, iluminando soberana o céu estrelado, debochou da pouca luz do vaga-lume, como se fosse a única a brilhar naquela noite. O pirilampo não se avexou e fez notar à lua que, apesar de tênue, a luz que produzia era própria, ao passo que a da lua era reflexo do sol. Brilho próprio, seja grande ou pequeno. O mestre Jesus disse que:

Seus discípulos devem expor o próprio brilho, de modo que as pessoas, vendo o bem que eles fazem, dêem glória a Deus.

2 de agosto

Privacidade

3 de agosto

Privacidade é um direito humano intocável. Aquilo que desejamos para a consciência no campo do espírito, devemos desejá-lo para o corpo no campo material. Não se brinca com a privacidade dos outros, estimando-a como se fosse a nossa.

A Bíblia conta que Deus se preocupou com a privacidade de Adão e Eva depois de comerem o fruto e perceberem que estavam nus, providenciando para eles tangas. Devassar a privacidade de alguém é o mesmo que profanar um santuário. E não se deve esquecer que o apóstolo Paulo afirmou que o corpo da pessoa é o santuário do Espírito.

Se alguém convida você a entrar nesse espaço sagrado, entre com respeito, despojado, como Moisés que tirou as sandálias diante da sarça ardente por estar pisando território sagrado. É próprio dos regimes de força e totalitários invadir e violar a privacidade das pessoas. E o que ganham com isso? Será que por isso se tornam mais humanos?

Mutirão da vida

4 de agosto

A vida é fruto de mutirão. Em primeiro lugar, um mutirão gostoso de duas criaturas que desejam ver reproduzido em outro ser o resultado do seu amor. Em seguida, vêm todos os que trabalharam no mutirão da vida de uma pessoa: parentes, amigos, professores, catequistas, médicos, colaboradores... de modo que a vida já não é somente dela, pois nela há algo de tantas pessoas que ajudaram a construí-la.

Assim, a vida já não lhe pertence totalmente, e sim faz parte de todos os que ajudaram no mutirão. Dessa forma, a vida, que tem um preço incalculável, só tem sentido quando entra no mutirão para a construção de outras vidas. Há quem não veja sentido na vida. Não seria por que não aprendeu a construir outras? Se você sofre dessa tentação, procure o sentido da vida fora de si, nos outros.

AJUDANDO O PRÓXIMO A ENCONTRAR
O SENTIDO PARA A VIDA DELE,
VOCÊ ENCONTRARÁ O PRÓPRIO.

Maldição ou bênção?

5 de agosto

À primeira vista, a doença e o sofrimento só podem ser maldição. E se a pessoa não tiver uma percepção profunda dos fatos, culpará Deus e verá no sofrimento ou na doença apenas desgraça, nada mais. Às vezes, porém, a bênção pode vir na contramão, como algo que se choca contra nós.

Zezinho conta a história de um senhor na fila de transplante de fígado. Ele confessava ter certos momentos de dúvida: continuar esperando ou desistir? E o motivo não era a demora de um doador. A doença transformara de tal modo sua vida, a ponto de ter vontade de continuar com a doença.

O sofrimento havia transfigurado sua existência. Os limites físicos, a proximidade do fim e outros fatores o transformaram em um novo ser, capaz de amar as pequenas coisas. A bênção viera na contramão. Visto que não escolhemos os imprevistos da vida, é sabedoria fazer dos reveses oportunidades para viver com sentido.

Cozinha

A cozinha é a casa das máquinas da família e da vida também. É o espaço mais milagroso da casa, pois aí acontecem as grandes transformações, os milagres da culinária. Trabalhar na cozinha é aprender a recomeçar sempre: lavam-se as panelas para depois sujá-las de novo e outra vez lavá-las, num circuito que não se acaba. Mal terminou o almoço e já é hora de pensar no jantar.

Cozinhar é uma arte, mas sobretudo um modo de amar. Poucos se dão conta de que a mãe de Jesus se santificou pilotando um fogão. Será que o mestre Jesus sabia cozinhar? Se os homens cozinhassem com freqüência, provavelmente as famílias almoçariam ou jantariam fora mais vezes. Você se lembra de agradecer as refeições que alguém prepara? Sabe elogiar um prato bem-feito porque foi feito com carinho?

Se você cozinha, sabe que quem cozinhou se sente pago quando não sobra nada. Sabe que o bom humor torna gostosas todas as comidas.

6 de agosto

Trabalho

7 de agosto

No evangelho de João, o mestre Jesus afirma: "Meu Pai trabalha sempre, e eu também trabalho". Naquele tempo, discutia-se se Deus realmente criara o mundo em seis dias, ou se na verdade a criação era uma tarefa inacabada. Jesus é claramente a favor da segunda opinião, afirmando que o trabalho do Criador e dele, o Salvador, não tem fim.

Não é o cargo que torna importante o que fazemos, e sim o fato de nosso trabalho estar enxertado no do Pai e do Filho, refazendo continuamente a criação. Trabalhando, estamos colaborando com o Criador.

Um iluminado do século passado observava que Jesus trabalhou cerca de 30 anos antes de anunciar por três anos o Reino de Deus. E dizia que o operário Jesus foi redentor do mundo não só com a morte e ressurreição, mas também com seu trabalho suado e cansativo de carpinteiro à procura de serviço pelas aldeias da Galiléia.

VALORIZE TODO TIPO DE TRABALHO
E DE TRABALHADOR.

Trânsito

Quilômetros de congestionamento, ônibus superlotados, calor, frio, chuva, trânsito nervoso, apressadinhos, motoristas querendo levar vantagens em tudo, batidas, assaltos, seqüestros-relâmpago... são fatores de estresse e desgaste físico e emocional no trânsito.

É possível humanizar um pouco essa situação caótica de nossas metrópoles? Gosto de rezar ao dirigir, meditar, pensar na vida. O bom humor ajuda a não nos considerarmos donos da rua ou das estradas. A prudência no dirigir evita acidentes. Fazer do carro uma arma só pode ser loucura. Dependendo da situação, no ônibus ou metrô, pode-se ler, ouvir música, conhecer pessoas novas, fazer novas amizades.

O trânsito é tão desumano porque nós o queremos e o fazemos assim. Se soubermos humanizar mais o trânsito, também o trabalho e o retorno para casa serão menos desgastantes.

Não permita que a máquina
que o conduz no trânsito
o transforme em máquina também.

8 de agosto

Entesourar

9 de agosto

Um dia a aurora despertará sem que eu desperte, e ela não pedirá aos pássaros para me acordarem, porque meus ouvidos já não os ouvirão, entretidos na afinação com o Eterno. E então meu trânsito estará terminado, e eu comparecerei diante do trono de quem irá me mostrar sem sombras quem sou.

Meu coração será posto num prato de sua balança para aquilatar o quanto amou e foi misericordioso. Se ele afundar o prato da balança, conseguirá soltar a trava do grande baú, onde em vida guardei tudo o que considerava parte do meu tesouro e sempre coloquei meu coração. E a verdade de quem sou ficará totalmente iluminada.

Espero então não ficar envergonhado e ouvir do Senhor do meu coração o que o mestre Jesus disse um dia: "Vem, abençoado por meu Pai... porque tive fome, estava com sede, era estrangeiro, sem roupa, doente e preso, e você cuidou de mim na pessoa do pobre e necessitado".

Prevenção ajuda?

10 de agosto

"As aparências enganam", costumamos afirmar. E alguém notou com perspicácia que "o essencial é invisível aos olhos", pois "só se vê bem com o coração". Você vai à feira, fica fascinado com o colorido dos pêssegos e os compra. Em casa, ao cortá-los, encontra-os secos, chochos ou até podres.

Então aprende que nem sempre o que se vê por fora é o que está por dentro, e descobre que não é verdade que "a primeira impressão é a que fica". Nem sempre uma pessoa bonita e atraente se tornará boa companheira ou amiga.

Certos insetos bem coloridos são os mais venenosos. O pavão abre em leque sua fascinante cauda para que ninguém fique observando-lhe os feios pés. Avaliar as pessoas pelo aspecto exterior, ou por aquele primeiro impulso de atração ou repulsa, é tremendamente injusto e preconceituoso, além de não ser atitude sábia.

Descubra o que está dentro da pessoa,
e então não se enganará.

Lutar

11 de agosto

Há pessoas que têm de matar um leão por dia, e com isso se tornam fortes. E existem outras que desistem da luta diante da primeira dificuldade. Um poeta escreveu: "A vida é combate que aos fracos abate, aos fortes, aos bravos, só pode exaltar".

O apóstolo Paulo, nos últimos momentos da vida, escreveu ao amigo Timóteo esta frase-resumo de suas lutas: "Combati o bom combate, terminei a corrida, guardei a fé". Vida vivida como soldado (combate) e atleta (corrida). Um homem de Deus do século passado concluía uma carta aberta aos jovens com estas palavras: "O soldado que morre lutando é um vencedor".

Recentemente um poeta cantava: "Não diga que a canção está perdida, tenha fé em Deus, tenha fé na vida. Tente outra vez... Tente, e não diga que a vitória está perdida, se é de batalhas que se vive a vida, tente outra vez".

A VIDA NOS FOI DADA DE GRAÇA,
MAS NÓS PRECISAMOS GANHÁ-LA
NA LUTA DO DIA-A-DIA.

Eqüidade

Eqüidade é um valor humano. A palavra vem do latim *aequitas*, e significa "igualdade, proporção, simetria". E pode ser definida da seguinte forma: "disposição de reconhecer igualmente o direito de cada um".

A imagem dos pratos da balança no mesmo nível sugere o que seja eqüidade. Inimigos mortais são a corrupção, o suborno, a propina, que fazem um prato da balança pesar mais que o outro.

Na Bíblia há uma série de defensores desse valor humano – os profetas. Com sua palavra cortante, falando em nome de Deus, denunciam os desmandos dos poderosos que acabam pisando os pequenos. A eqüidade foi engolida pela iniqüidade.

Quando deixamos de reconhecer igualmente o direito de cada um, fazemos a balança pender para o lado do mais forte e nos tornamos coniventes com as injustiças. O mestre Jesus ensinou-nos a ser imparciais e defender os direitos dos que deles foram despojados.

12 de agosto

Renovar-se

13 de agosto

Cada dia que nasce é uma ocasião nova de nos renovarmos, pois esse dia será único e irrepetível. Sábia é a pessoa que acolhe os apelos de renovação cotidiana. A natureza, nos ciclos de morte e ressurreição, nos estimula à renovação constante. Até os animais, com a troca de plumagem, pelagem e pele, nos convidam a desfazer do que envelheceu e vestir o novo.

O apóstolo Paulo usava justamente a metáfora da roupa velha a ser trocada e deixada de lado, dando lugar à roupa nova, para falar da renovação como processo constante na vida. O mestre Jesus falava de barris novos para conter vinho novo.

O mundo pós-moderno evolui em velocidade jamais vista. Quem não se renova perde o passo da história e envelhece rapidamente, mais depressa que os próprios anos. Muitos da terceira idade entenderam isso e buscam renovar-se.

Não se permita envelhecer
antes da hora.

Reconciliação

Amadurecemos mais rapidamente errando e buscando a reconciliação do que quando não erramos e não precisamos dela. Ninguém está isento de erros. Nem pode afirmar que não precisa de reconciliação.

O apóstolo Paulo estimulava os cristãos a se reconciliarem com Deus, transformando o tempo corriqueiro em momento de graça. O mestre Jesus contou a parábola do pastor que busca incansavelmente a ovelha perdida. Ela, que era apenas 1% do rebanho, causou-lhe mais alegria do que as 99 que não se perderam.

De certa forma, a ovelha extraviada mostrou o caminho às que não se perderam. Igualmente a parábola do "filho pródigo": houve festa para todos porque o filho irresponsável caiu em si, reconheceu o próprio erro e buscou a reconciliação com o pai. Se, como dizemos, errar é humano, é ato de sabedoria buscar a reconciliação. Ela nos ajuda a amadurecer como seres humanos.

É ERRANDO QUE SE APRENDE.

14 de agosto

Viver

15 de agosto

Para viver é preciso querer. A vida é o dom mais precioso que recebemos, e é necessário defendê-la a cada passo, todos os dias. O pintinho, após a incubação, para viver precisa romper a casca do ovo e sair para a vida. Seu primeiro ato é movido pelo instinto de viver.

Um sábio judeu aconselhava viver hoje como se fôssemos viver cem anos e, ao mesmo tempo, como se fosse o último dia de vida. Outros, percebendo que a vida é dom comum, aconselham: "Viva e deixe viver". O mestre Jesus resumiu numa frase toda a sua missão na terra: "Eu vim para que todos tenham vida, uma vida abundante". Nunca devemos desistir de viver, de querer viver. Enquanto estivermos neste mundo haverá sempre uma tarefa a realizar, ainda que seja simplesmente querer viver.

> Não é sensato apressar a partida,
> porque vida eterna
> é seu prolongamento e coroação.
> Viva!

Renovação

16 de agosto

Conta-se por aí que a águia pode viver até 70 anos, a mais alta expectativa de vida das aves. Contudo, para não morrer aos 40 por causa do bico e das garras excessivamente longos e das pesadas penas das asas, ela tem de passar por um processo de renovação que envolve alguns meses: gasta o bico contra a rocha, para deixar nascer o novo; com ele, arranca as garras para que surjam outras menores e, com estas, arranca as pesadas e velhas penas, a fim de renovar a plumagem.

É um processo longo, doloroso e cheio de perdas para poder viver a segunda metade da vida com a mesma intensidade da primeira. Podia, quem sabe, contentar-se com 40 anos e morrer feliz. Mas seu instinto de viver mais a leva a enfrentar a dor da perda para ganhar vida nova.

DELA APRENDEMOS QUE A VIDA DEVE SER CONQUISTADA A CADA DIA, MESMO QUE ISSO VENHA A CUSTAR SOFRIMENTOS E PERDAS, POIS ÀS VEZES PERDER É GANHAR.

Doçura

17 de agosto

Conta-se do sândalo, árvore de madeira preciosa e aromática, que perfuma o machado que a corta. Há pessoas que se parecem com ela, incapazes de manifestar ódio ou rancor, sempre dispostas a perdoar. Nelas há muita doçura. Elas têm muito de Deus. O contrário também acontece: pessoas amargas que amarguram a vida dos outros.

A Bíblia narra um episódio interessante: quando os hebreus atravessaram o mar Vermelho e entraram pelo deserto, faltou água, e a única fonte que encontraram tinha água amarga. Deus então mostrou a Moisés um pedaço de madeira e ordenou-lhe lançá-lo na fonte. Imediatamente as águas se tornaram doces. Às vezes dá vontade de sair à procura desse pedaço de madeira mágico, capaz de tornar doce toda amargura, mas, convenhamos, seria uma jornada inútil.

Qual o remédio para curar
almas amarguradas?
Carinho, paciência, doçura,
mesmo que a paga seja mais amargor.

Filantropia

18 de agosto

Filantropia vem do grego e significa "amigo do ser humano", "amor à humanidade". Seu oposto é misantropia, e quem a cultiva é misantropo, "inimigo do ser humano", "ódio à humanidade". O ser humano, dotado de inteligência e liberdade, é o único que pode levar a filantropia à sua expressão máxima. E é igualmente o único que pode pervertê-la em grau elevado.

Como seres humanos, deveríamos ser tão fortes e esclarecidos a ponto de nenhuma miséria humana ser capaz de nos abalar, assim como nos compadecer e solidarizar diante de qualquer pequeno sofrimento.

A Bíblia atribui a Jesus uma passagem dos profetas a respeito de alguém que carregou todas as dores e mazelas da humanidade. E isso por ser "amigo do ser humano", capaz de compadecer-se e solidarizar-se. A história conserva a memória de mulheres e homens que seguiram suas pegadas.

Amistar

19 de agosto

A Bíblia fala maravilhas a respeito da amizade, esse nobre sentimento que une pessoas tão diferentes. É próprio do ser humano criar amizades, cultivá-las, defendê-las, protegê-las. Quem não tem amigos não sabe o que é viver, pois na hora difícil eles costumam ser presença que socorre e conforta.

As paixões duram pouco, os deslumbramentos ou relacionamentos mágicos têm vida curta, mas as amizades possuem o DNA da longevidade. Abraão, pai dos que crêem em Deus, foi chamado de "amigo de Deus". Não seria possível dizer mais.

Amor, companheirismo, cumplicidade, partilha... são ingredientes que ajudam a manter viva a amizade. Não deixe de rezar pelos amigos, pois são eles o bom tempero da vida. O mestre Jesus ensinou a ser amigo, dizendo que a maior expressão de amor é a capacidade de dar a vida pelos amigos.

Quem tem um amigo pode dizer a cada manhã que vale a pena viver.

Afeto

Uma das mais graves mutilações sofridas pelo sexo masculino foi sem dúvida a proibição de manifestar sentimentos e, entre eles, o afeto. Ainda é possível encontrar filhos e filhas que do próprio pai só receberam olhares severos, repreensões e até impiedosas punições. Nenhum afago, carinho ou demonstração de afeto.

Essas marcas negativas costumam viajar com essas pessoas aonde forem, vindo à tona em pesadelos e ansiedades, numa busca insaciável do afeto negado. O mestre Jesus era afetuoso e gostava de quebrar tabus ou preconceitos: com as mulheres, os doentes e, sobretudo, as crianças, que, naquela cultura, eram excluídas e tidas como coisas.

Se ele pudesse falar-nos, certamente nos daria mais um mandamento: o de sermos afetuosos, sem receios ou pudores de manifestar esse sentimento. O apóstolo Paulo recomendava:

> QUE FÔSSEMOS AFETUOSOS
> UNS PARA COM OS OUTROS,
> ANTECIPANDO-NOS NA MÚTUA ESTIMA.

20 de agosto

Compadecer-se

21 de agosto

O latim *compati* deu origem a esse verbo, que significa "padecer com" quem padece. É a solidariedade no sofrimento, procurando sentir na própria pele o drama experimentado pelos outros. Compadecer-se não significa apenas sentir um aperto no coração, pois vai além, desdobrando-se de mil modos para atenuar o sofrimento alheio.

O mundo animal, por instinto, se compadece. Já se viram fêmeas amamentar crias que não eram suas nem pertenciam à sua espécie. Mais ainda o ser humano, dotado de inteligência e vontade, deve compadecer-se e solidarizar-se.

Para o povo da Bíblia, compadecer-se é estremecer por dentro, agitar-se interiormente, tomado de grande emoção e comoção. A mãe estremece vendo seu bebê que sofre; Deus estremece vendo a aflição do seu povo oprimido... Compadecer-se, portanto, é sentimento humano que torna o humano divino ou capaz de gestos iguais aos de Deus.

Sensibilidade

Sensível é quem foi dotado de sentidos: tato, olfato, paladar, visão, audição. Mas nem toda pessoa dotada de sentidos tem sensibilidade. E há pessoas privadas de um ou mais sentidos que são mais sensíveis do que os que têm todos eles funcionando perfeitamente. Sensibilidade, nesse caso, é uma espécie de sexto sentido.

Zezinho comentava a respeito da sua infância na época em que lhe ensinaram a ceder lugar a idosos, gestantes e doentes nos ônibus... Agora, contudo, que chegou para ele o tempo de alguém lhe ceder o lugar, ninguém se levanta. Que indiferença!

Sensibilidade é a capacidade de ver e sentir a necessidade do outro, indo ao seu encontro sem pensar em si próprio. Sensibilidade é perceber a ferida no corpo ou na alma de alguém e não agravar a dor, pelo contrário, ser bálsamo que alivia.

22 de agosto

Há pessoas extremamente sensíveis.
Sensibilidade é a arte
de não feri-las mais que as feridas
que já carregam.

Sem ambições

23 de agosto

A palavra ambição vem do latim *ambitio* e, no tempo de Roma república, representava a pessoa que ia à cata de votos entre o povo usando todos os meios lícitos e ilícitos. Daí, em português, significar "desejo veemente de alcançar aquilo que valoriza os bens materiais ou o amor-próprio (poder, glória, riqueza, posição social)".

É possível atribuir algum valor à ambição? Alguns dizem que sem ambição ninguém consegue coisa alguma na vida. Pode a ambição ser o motor de uma existência? E quando envolvemos Deus em nosso desejo veemente, será que ele nos escuta?

Penso que para bem rezar e entrar em comunhão com Deus será preciso dizer não à ambição. A oração que o mestre Jesus ensinou – o pai-nosso – está isenta de ambições.

SE CONTINUARMOS ALIMENTANDO DE AMBIÇÃO NOSSA RELAÇÃO COM DEUS, TENHAMOS CERTEZA DE UMA COISA: DEUS DÁ A CADA UM O CONTRÁRIO DAQUILO QUE AMBICIONOU.

Gratuidade

Num mundo marcado pelo toma-lá-dá-cá, é confortante encontrar gestos de gratuidade – fazer o bem pelo prazer de fazê-lo, porque faz bem. Há pessoas que conseguem romper o circuito fechado dos interesses, dedicando-se a fazer o bem sem esperar recompensa alguma.

Certa ocasião, o mestre Jesus recomendou a um fariseu que, ao oferecer um almoço, convidasse aquelas pessoas que ninguém jamais convidaria e que não tinham como retribuir; pessoas que o fariseu considerava impuras e cujo contato deveria evitar: pobres, aleijados, mancos e cegos. E o mestre Jesus lhe garantiu: "Então você será feliz!".

O apóstolo Paulo cita uma frase de Jesus que os evangelhos não registraram: "Há mais felicidade em dar do que em receber". Porque a gratuidade revela a bondade que a pessoa tem dentro de si.

24 de agosto

Libere-se do fardo das expectativas
e pratique a gratuidade – fazer o bem
para ser feliz.

Humildade

25 de agosto

Humildade vem do latim *humilitas*, que significa "pouca altura, pequenez". A palavra *humilis* (humilde) provém de *humus*, terra, solo fértil, a matéria da qual, segundo a Bíblia, foi plasmado o ser humano. A humildade, portanto, faz parte do nosso ser.

O apóstolo Paulo aconselhava a não se considerar mais do que se é, e orientava para que cada um considerasse os outros mais importantes. Somos húmus, por isso não devemos tirar os pés do chão.

Certa ocasião, na casa de um fariseu importante, o mestre Jesus ficou pasmo em ver como as pessoas disputavam os primeiros lugares à mesa. E deu um conselho: quando for convidado, não ocupe os primeiros lugares, mas o último. Disse isso não para evitar pagar um mico ao ter de ceder o posto a alguém mais importante, mas porque quem se conhece em profundidade sabe que é pó.

A BÍBLIA DIZ QUE DEUS EXALTA
QUEM SE HUMILHA
E HUMILHA QUEM SE EXALTA.

Jogo da vida

Todo jogo tem regras, senão não é jogo. Contudo, não se joga em função das regras, mas são elas que estão em função do jogo. A vida é um jogo, e como tal, tem regras próprias.

O jogo da vida é uma partida única, é preciso estar bem treinado. Há quem tenha medo de entrar nele, ficando na arquibancada, crendo que outros joguem por ele. Engana-se. Há quem jogue sem regras, pensando levar vantagem sobre os demais. Engana-se também, e certamente será um dos primeiros a sofrer os maus resultados de um jogo sem regras.

Se a vida é um jogo, é necessário jogar com espírito esportivo, companheirismo, prazer, paixão e vontade de vencer. É um jogo que se vence sem derrotar os outros, derrotando apenas o próprio medo e a falta de confiança e superando os próprios limites.

JOGUE COM GARRA O JOGO DA VIDA
E NÃO PERMITA A VITÓRIA DA MEDIOCRIDADE.

26 de agosto

Bem-humorado

27 de agosto

A pessoa bem-humorada dificilmente adoece, e se acontecer, seu bom humor vale mais que os medicamentos; sabe perdoar-se e perdoar, ri dos próprios limites e aceita que os outros errem. O bom humor ajuda a digerir os alimentos, faz bem à pele, ao coração, fígado e intestinos.

Um cantor declarava que "o que dá pra rir dá pra chorar". Não poderia ser o contrário: "o que dá pra chorar dá pra rir"? Depende do estado de ânimo. Se formos bem-humorados, teremos olhos para ver além e acima das coisas que nos causam sofrimento.

O rosto do mal-humorado se enche logo de rugas, envelhecendo antes do tempo e ofuscando o brilho dos olhos. Não permita que pessoas mal-humoradas contaminem seu bom humor e o prazer de viver. Peça sempre que Deus o acorde de bom humor.

Quem acorda bem-humorado
já resolveu metade das preocupações
cotidianas.

Vencer o medo

É conhecida a história dos dois fetos conversando no útero materno acerca do desconhecido que os esperava lá fora. Estavam apavorados com a possibilidade de perder o aconchego do seio da mãe. Nós, que já vivenciamos o momento em que fomos expulsos de lá, sabemos que se trata de uma expulsão para a vida, salvadora.

A Bíblia conta o episódio pitoresco de Simão Pedro andando sobre as águas a convite de Jesus. Mas quando deixou de confiar e abriu uma brecha para o medo, começou a afundar e teve de contar com o socorro do Mestre.

Sabe-se que o medo paralisa, inibe e rouba da pessoa todas as potencialidades de vencer. Mais ainda: há casos em que o medo põe a pessoa de cama, doente, paralisada e incapaz de qualquer reação. Os grandes personagens bíblicos sentiram medo diante da tarefa que Deus lhes confiou. Mas foram encorajados pelo Senhor com as palavras: "Não tenham medo...".

28 de agosto

Amar

29 de agosto

Somos fruto de um ato de amor. Vivemos movidos por esse sentimento e, no fim, seremos avaliados na balança do amor. Se não é fácil amar, é certo que viver sem amor é terrível. Pessoas que, ao morrerem, não provocam nenhuma lágrima, nenhum sinal de saudade ou de perda... há muito tempo tinham perdido o amor. Ele é estrada de mão dupla. Vem de Deus a nós na pessoa do mestre Jesus.

De fato, o evangelho de João diz que Deus amou o mundo de modo estupendo e raro, a ponto de entregar-lhe o que tinha de mais precioso – o próprio Filho. O amor, portanto, vem de Deus, mas ao voltar, retorna por meio das pessoas. Ou seja, Deus aprecia nossa resposta amorosa quando amamos as pessoas. Não existe outro modo de amar a Deus a não ser este – amando os outros.

O amor ao próximo é o termômetro que mede a qualidade e a intensidade com que amamos a Deus. Ele é amor, e quem ama as pessoas ama a Deus.

Abnegados

Abnegação é o "sacrifício voluntário do que há de egoístico nos desejos e tendências naturais do homem, em proveito de uma pessoa, causa ou idéia". Sem ter consciência de ser abnegado, no mundo dos animais temos o exemplo do tico-tico. O chupim põe os ovos no ninho do tico-tico, e este os choca e cria os filhotes como se fossem seus. Se não o fizesse, teríamos mais uma espécie ameaçada de extinção.

O apóstolo Paulo apresenta o mestre Jesus como exemplo de abnegação. Sendo de condição divina, esvaziou-se a si mesmo, fazendo-se um de nós, servo obediente até a morte numa cruz.

As mães estão entre os exemplos mais comoventes de abnegação, pois são capazes de gestos heróicos para ver a felicidade de suas criaturas. Não é fácil nem cômodo dizer não ao egoísmo e aos próprios interesses, mas não existe outro caminho para se assemelhar ao mestre Jesus. Foi sua abnegação que nos resgatou.

30 de agosto

Saúde emocional

31 de agosto

A saúde física é muito importante, mas a emocional o é ainda mais. Simplesmente porque a saúde física depende da saúde emocional. Quando carregamos emoções feridas, elas costumam produzir males físicos. Curá-las é cuidar da alma para que ela cure nosso corpo. Querendo ou não, somatizamos os males da alma.

A saúde emocional não depende de medicação de farmácia, mas de gestos e atitudes capazes de curar feridas, como o perdão que damos ou recebemos. Ninguém teve passado perfeito, sem grandes ou pequenos traumas.

Viajar para lá e derramar um pouco de bálsamo de misericórdia, perdão e compreensão pode ser de grande proveito para a cura das emoções feridas. Reconciliar-se com o passado faz bem ao presente e ao futuro. Reconciliar-se com Deus é igualmente importante e decisivo para se obter a saúde emocional.

Ele é misericórdia e piedade, rico de amor.

Carisma

Uma palavra muito usada e abusada. Chamam-se de carismáticos os adeptos de um movimento religioso. Diz-se carismático o político capaz de convencer multidões diante das câmeras, ou o astro de futebol que alia habilidades dentro ou fora do campo.

Carisma em termos religiosos é outra coisa. É algo que Deus concede graciosamente a alguém para que beneficie o maior número possível de pessoas, portanto, provoca um movimento de dentro para fora, de mim para os outros, e não vice-versa. Não existe carisma de fora para dentro, beneficiando apenas quem o recebeu.

Certa ocasião, o mestre Jesus disse que é para dar de graça o que de graça recebemos. Aí está o sentido do carisma, marcado desde o início pela gratuidade: Deus o concede gratuitamente, e quem o recebe o partilha de graça com os outros.

1º de setembro

Conservá-lo só para si
é esterilizar o carisma,
e quem o faz demonstra ser guiado
pelo egoísmo.

Diversidade

2 de setembro

Ninguém é exatamente igual a outra pessoa, mesmo em época de clonagem. Que bom sermos diferentes e únicos, irrepetíveis. A diversidade é o antídoto da uniformidade. Ela nos permite descobrir que há um caminho de realização pessoal próprio de cada um. E nos ensina a respeitar o outro, aceitando-o em sua originalidade e diversidade.

Os doze apóstolos do mestre Jesus eram muito diferentes entre si quanto ao caráter, cultura, nomes, profissão; no entanto, formavam o grupo de seus mais estreitos colaboradores. Sabermo-nos diferentes dos outros evita que nos tornemos invejosos.

O mestre Jesus comparou-se ao bom pastor que conhece cada ovelha pelo nome, isto é, por sua peculiaridade e diversidade. Se ele nos ama assim, de forma personalista, por que ter medo da diversidade? Os arranjos das floriculturas são bonitos justamente por serem a união harmoniosa dos diferentes. Se fosse tudo igual, que valor teria?

Atenção

Dirigindo pela cidade, deparamos com muitos faróis, alguns deles de três tempos, com faixa de pedestres. Dirigir mecanicamente, sem prestar atenção, pode causar transtornos para nós e para o próximo. Prestar e dar atenção são gestos importantes nos relacionamentos humanos. Dar atenção é valorizar o outro, considerando-o digno de respeito tanto quanto nós.

No mundo animal, freqüentemente um vigia enquanto o bando procura alimentos. E quando vê ou pressente o perigo, emite sinais de atenção e de alerta.

Se houvesse mais atenção por parte de todos, certamente teríamos menos vítimas no trânsito, no trabalho e até em casa, onde crianças se acidentam por causa da desatenção dos adultos. O que dizer, então, dos idosos e doentes, que requerem atenção especial? E os portadores de necessidades especiais?

Prestar e dar atenção não é questão de etiqueta, mas ato de misericórdia.

Entendimento

4 de setembro

"Quando um não quer, dois não brigam", diz a sabedoria popular. E diz também: "É com o andar da carroça que as abóboras se acomodam". Mais ainda, costumamos afirmar que para tudo tem remédio, e o que não tem remédio, remediado está.

Entrar em acordo, ou buscar o entendimento, é fruto de sabedoria, sinal de que ninguém é dono da verdade, e a verdade está um pouco em tudo. O mestre Jesus aconselhou a entrar em acordo com o adversário antes de chegar ao tribunal.

Conversando as pessoas se entendem. Se não for assim, continuamos a presenciar a barbárie de pessoas que se matam no trânsito por causa de uma ninharia. Pura falta de bom senso e entendimento. Sem isso, penetramos num mundo selvagem e violento em que a truculência fala mais alto e se impõe pela violência. É o mundo do deus-nos-acuda; e infelizes as gerações novas, se não forem educadas para o exercício do entendimento.

Sacrifício

Sacrifício vem do latim *sacrificium*, que é junção de *sacer* (sagrado) e *facio* (faço), portanto, tornar sagrado. Sem sacrifício nada se torna sagrado. Há pessoas que têm horror só de ouvir falar nele, não levam em conta que sem ele pouco se consegue.

Os jovens que trabalham de dia e estudam à noite sabem o que isso representa, e seu trabalho e estudo são coisas sagradas. Os idosos, mal aposentados, que trabalham para reforçar o orçamento familiar sabem o que significa sacrifício. Pergunte à sua mãe a respeito do sono que perdeu para cuidar dos filhos, dormindo tarde e acordando cedo, pois sabia que o que estava fazendo era sagrado.

O maior sacrifício que a humanidade conhece é o do mestre Jesus: ele deu sua vida como resgate para todos. O apóstolo Paulo afirma que submetia o próprio corpo à disciplina, como soldado ou atleta, caso contrário não daria conta da missão a ele confiada.

5 de setembro

Equilíbrio

6 de setembro

No circo, o equilibrista tem a capacidade de nos manter sem fôlego, como se com ele caminhássemos sobre a corda bamba. Olhando para ele, é possível traçar um paralelo com a vida, pois há muitas situações que reclamam equilíbrio.

Uma pessoa desequilibrada é uma ameaça permanente contra as relações humanas. É certo que o desequilíbrio faz cair quem o cultiva, mas derruba outros. Podemos até permitir-nos momentos de desequilíbrio, pois somos humanos. Mas não é sensato tomar decisões importantes nesses momentos, para não nos prejudicarmos.

Não permita que o desequilíbrio seu ou de outrem prejudique sua vida. Pense e repense antes de tomar atitudes apressadas ou das quais não tem certeza de sucesso. Na vida há uma linha normal, sem muitos altos e baixos, que nos mantém equilibrados.

Tomar decisões quando estamos muito altos ou muito baixos costuma ser mau ponto de partida. E de chegada?

Cooperação

Cooperação significa "trabalhar juntos", e isso constitui hoje grande valor humano. No campo da educação, a interdisciplinaridade; no mundo do trabalho, a terceirização, o saber pensar juntos, a capacidade de interagir etc.

Lá se vão os tempos em que havia pessoas enciclopédicas, dominadoras de todos ou quase todos os campos do saber e do agir humanos. Hoje em dia dependemos muito mais uns dos outros. Daí a cooperação, para que os projetos sejam bem-sucedidos.

Nota-se que, em certos campos da ciência, os vencedores do Nobel são cada vez mais equipes que perseguiram juntas o mesmo objetivo. O mestre Jesus, certa vez, enviou à frente dele seus discípulos, e os mandou dois a dois, desafiando-os assim à cooperação. Ele acreditava não somente nas capacidades individuais, mas sobretudo nas capacidades coletivas, provenientes do somatório de esforços.

COOPERAR É PRINCÍPIO DE APRENDIZADO
E CRESCIMENTO.

7 de setembro

Recursos

8 de setembro

Nem sempre a falta de recursos é sinônimo de fracasso. Exemplo disso são certos grupos sociais que fizeram da carência um desafio para crescer criativamente. Quem diria que as latinhas vazias de cerveja e refrigerante conseguiriam sanar as economias de famílias e pequenas comunidades? O soro caseiro – tão simples a ponto de parecer banal – salvou milhares de crianças. A Pastoral da Criança salvou tantas crianças com cascas de frutas, folhas de legumes etc.

É fácil realizar grandes coisas quando há recursos. Mas os milagres sempre aconteceram na carência, não na abundância. Basta crer e ser criativo para que os recursos apareçam das mais inesperadas situações.

Personagens consagrados construíram grandes obras partindo do nada. Dentro de cada pessoa, há uma fonte inesgotável de energia e de recursos, que só os inconformados descobrem, desenterram e fazem frutificar. É crer para ver.

Desarmar-se

O mundo parece uma bomba preste a explodir. E quem o armou dessa forma? Como desarmá-lo? Graças a Deus, as novas gerações não parecem tão insensatas como as que regem as nações atualmente.

O desarmamento é uma necessidade urgente, uma ordem sagrada, um mandamento. Também no nível pessoal. Há muitas pessoas armadas – em sentido real e metafórico. Não basta tirar as armas das casas, embora isso seja necessário. É urgente desarmar-se do preconceito, da violência das palavras, dos gestos.

O mestre Jesus ensinou o caminho do desarmamento nosso e dos outros. Esse caminho se chama amor. Amor heróico, pelos inimigos, pois ele é força maior, capaz de desarmar a pior situação hostil. O apóstolo Paulo aconselhava pagar o mal com o bem, vencendo-o e deixando ao adversário a constatação de que o bem e o amor têm a última palavra, sempre.

NÃO SE DEIXE VENCER PELO MAL.

9 de setembro

Harmonia

10 de setembro

Harmonia vem do grego e significa em primeiro lugar ajustamento, como duas tábuas sobrepostas se ajustam perfeitamente. Viver em harmonia é a arte do bem-viver. Como é agradável uma orquestra executando uma peça, cada instrumento com sua partitura, nenhum imitando o outro, nem atravessando... Harmonia.

O mestre Jesus ordenou que vivêssemos em paz uns com os outros. O apóstolo Paulo, por sua vez, orientava as pessoas a ter sentimentos e pensamentos convergentes, de harmonia. Se numa orquestra ou banda um só instrumento desafina ou seu tocador não segue o maestro, toda a música acaba prejudicada.

O diálogo e o respeito pelo outro, sem preconceitos, são o caminho para a convivência harmônica na família e na sociedade. A falta de diálogo é como se numa orquestra apenas um instrumento tocasse, ou cada um executasse o que bem entendesse. Isso, é claro, não é harmonia.

Individualidade

Nenhum dedo da mão é igual ao outro. Se faltar um, a mão já não é inteira. Assim acontece com as pessoas. Ninguém é xerox de outro. Cada ser é portador de originalidade e individualidade e tem seu espaço reservado no concerto do universo.

O apóstolo Paulo explicava isso usando a metáfora do corpo. Nele há muitos membros, todos importantes na diversidade de suas funções. Há mãos, pés, olhos, ouvidos... O corpo não é só mãos ou pés, olhos ou ouvidos. Somente o ouvido é capaz de escutar. Somente o olho é capaz de olhar. Sem o ouvido, a pessoa não escuta e, sem o olho, não enxerga. O olho não pode dispensar o ouvido, e este não pode fazer pouco dos pés. Os pés precisam das mãos, pois só elas, na sua individualidade, conseguem realizar sua tarefa.

11 de setembro

NÃO TENHA MEDO DA INDIVIDUALIDADE.
SE FOR O CASO DE TEMER,
TEMA O COPIAR OS OUTROS, PARA NÃO PERDER
SUA INDIVIDUALIDADE.

Complementaridade

12 de setembro

Há uma velha anedota de alguém que foi visitar o inferno e o céu. Ao chegar ao inferno, encontrou mesas fartas e pessoas muito magras, verdadeiros esqueletos. Perguntou ao anjo que o guiava como se explicava isso. E o anjo lhe disse para esperar um pouco e logo compreenderia. De fato, chegou a hora do almoço. Os talheres eram extremamente compridos, de modo que ninguém conseguia se alimentar.

Do inferno foram para o céu. As pessoas eram saudáveis e fortes. Quando chegou a hora do jantar, surpresa. Os talheres eram tão longos como os do inferno. E a comida era a mesma. A visita ficou intrigada, mas logo desvendou o mistério.

De um lado da mesa, as pessoas pegavam a comida com os enormes talheres e alimentavam quem estava do outro lado. E vice-versa. E todos estavam nutridos e saudáveis, graças à ajuda que um prestava ao outro. Sem complementaridade a vida pode virar inferno.

Pavonice resolve?

Dizem que o pavão abre em leque sua esplêndida cauda para que ninguém note a feiúra de seus pés; porém, desconhece que pode sobreviver sem cauda, mas não sem os pés. Um pouco de modéstia não faz mal a ninguém e agrada a Deus.

O mestre Jesus contou a parábola do fariseu inflado que, como o pavão, se gabava diante de Deus. Sua oração de agradecimento estava repleta do vapor de sua arrogância, e Deus não pôde fazer nada por ele, pois parecia um balão inflado ao máximo. Se tocassem nele, estouraria.

A modéstia nos calibra para que não tenhamos de nós mesmos um conceito acima daquilo que somos. E evita comparações que se tornam odiosas: sou mais, posso mais que os outros etc.

Alguém contou a história da rosa, a rainha das flores, que se julgava superior à flor de maracujá, cheia de insetos que iam e vinham. Mas, no fim da história, quem produziu fruto saboroso não foi a rosa, que em poucos dias secou.

13 de setembro

Pára-brisa

14 de setembro

Quando o pára-brisa do carro não nos permite uma visão nítida da estrada, acionamos o limpador, que esguicha água, limpa o vidro e nos devolve a nitidez da visão. Assim acontece na vida. Nem sempre vemos com nitidez as situações, e às vezes nosso olhar é marcado pelos filtros coloridos de nossos óculos.

O que fazer quando nossa visão da realidade fica embaçada? A primeira atitude é não nos considerarmos donos da verdade. Dono da verdade é só Deus. Ele vê a realidade por inteiro, e nós vemos apenas fragmentos dela. A segunda atitude é "limpar o pára-brisa", eliminando a sujeira do preconceito, chaga horrível causadora de atrasos na humanidade. Como quando viajamos com chuva, o limpador de nossos preconceitos deve estar permanentemente acionado.

O MESTRE JESUS FOI INSUPERÁVEL
NESSA ARTE DE QUEBRAR TABUS
E VENCER PRECONCEITOS. QUE O DIGAM
AS MULHERES, OS DOENTES
E OS SAMARITANOS.

Malabarismos

Carro parado no farol vermelho. Bem à minha frente, uma criança tentando fazer malabarismos. Mal começou, desiste, e vai passando de carro em carro para receber uma moeda, um não, uma cara feia...

O anúncio no rádio diz que por trás de cada criança dessas há um explorador de menores... E agora quem faz desengonçadamente malabarismos sou eu. Penso nos malabarismos dessa família, às voltas com a carência absoluta, penso nos malabarismos dos políticos para ganhar mais, dos corruptos para fugir da justiça e nos meus próprios. Como dormir com um barulho desses? É felicidade ser feliz sozinho, quando há tantos infelizes? Se o mestre Jesus viesse em pessoa, o que diria ou faria? Malabarismos? "Vocês sempre terão pobres em seu meio?" E o apóstolo Paulo, que no tempo dele movimentou Ásia e Europa para ajudar os pobres de Jerusalém, o que diria ou faria? Malabarismos?

15 de setembro

Pequenas grandes coisas

16 de setembro

Há quem creia que grandes personagens da história se tornaram tais por realizar grandes coisas, e às vezes tem razão. Todavia, quase sempre as pessoas se tornam grandes fazendo pequenas coisas. E não dá para esquecer que, mesmo com grandes realizações, as pessoas podem tornar-se mesquinhamente pequenas.

Quando criança, alguém me contava que certo dia o Senhor encontrou um grão de trigo e decidiu plantá-lo. Os discípulos caçoaram dele. Aquele grão brotou, granou e deu quatro espigas, um punhado de sementes. No ano seguinte, semeou-as, e colheu alguns quilos. Semeou-os, colhendo sacas. Semeou-as, e em pouco tempo todos tinham pão para matar a fome. Gente pequena vê pequenas todas as coisas, inclusive as grandes. Gente grande vê grandes todas as coisas, sobretudo as pequenas. Não foi o mestre Jesus quem disse que:

> O GESTO DE DAR UM COPO D'ÁGUA
> A QUEM TEM SEDE
> NÃO FICA SEM RECOMPENSA?

Criados livres

Por que Deus permite que as pessoas façam o mal?, perguntam-se muitos. Mas se esquecem de que fomos criados livres, soberanamente livres. Se assim não o fosse, ele não se chamaria Deus, e nós seríamos qualquer coisa, menos humanos.

A liberdade é talvez o maior dom com que o Criador dotou sua criatura preferida – o ser humano. A questão é, portanto, o que fazemos com ela, pois quanto mais liberdade houver, mais espaço tem o amor para crescer. Como foi dito: "As pessoas que amo, deixo-as livres. Se voltarem, é porque as cativei. Se não voltarem, é porque nunca as tive".

O apóstolo Paulo disse que é para a liberdade que Cristo nos libertou. E apontava uma série de novas escravidões possíveis e à espreita de quem faz mau uso da própria liberdade. Isso porque a liberdade é sempre uma liberdade de relação.

SE VOCÊ ESTIVESSE SÓ NO MUNDO, PODERIA DIZER-SE OU SENTIR-SE PESSOA LIVRE?

17 de setembro

Presença

18 de setembro

Há presenças que transformam e presenças que são como ausências. Quando duas pessoas não têm afinidade, a presença delas é como se fosse ausência. Mas a presença de alguém que amamos é como brisa paradisíaca, que traz paz, serenidade, felicidade. Essa pessoa não toca apenas nosso corpo, mas sobretudo nossa alma.

A presença de pessoas amigas serena tempestades. Mais que lhes agradecer pelo que são quando estão junto a nós, devemos ser-lhes gratos pelo que nos tornamos quando estamos perto delas.

Faça-se presença serena e confortadora para quem você ama. E sentirá o prazer de fazer alguém feliz sem grandes dons materiais. Nunca avaliaremos plenamente a presença junto a uma pessoa doente ou solitária.

O mestre Jesus disse que nossa sorte se decide em termos de presença ou ausência:

> "Estive preso e doente,
> e vocês foram me visitar...".
> E haverá grande surpresa:
> "Eras tu, Senhor!".

Para ser feliz

Não é certo lamentarmo-nos porque nem todos nos amam, estimam e valorizam. Para ser feliz, basta ter uma pessoa que amamos e que nos ama. Para o mundo inteiro, você não passa de uma pessoa, mas para quem o ama, você é seu mundo, vale mais que o mundo inteiro.

Cultive quem ama você, não o entristeça, não o faça chorar, mesmo sabendo que suas lágrimas não destroem a amizade. A pessoa que você ama não merece derramar lágrimas, a não ser de alegria e contentamento. Para você ser feliz, não é necessário que lhe dêem presentes caros. Basta que a pessoa amada esteja presente, a seu lado, e então um prato frugal de qualquer coisa terá o valor de um banquete.

A felicidade é simples, e quando lhe ofereceram um castelo para morar, ela recusou. Amar e sentir-se amado, existe felicidade maior? A posse de todas as riquezas do mundo não produz felicidade semelhante nem consegue comprá-la.

19 de setembro

Inteligência

20 de setembro

Inteligência vem do verbo latino *intellegere* que, segundo os especialistas, é formado pelo advérbio *intus* (dentro) e pelo verbo *legere* (ler). O segundo dom do Espírito Santo chama-se inteligência (ou entendimento), e significa "ler dentro", "ler em profundidade". Em outras palavras, é ler não com os olhos (pelas aparências), mas ler além do que se vê, a essência das coisas.

Essa inteligência (entendimento) não depende do QI (Quociente de Inteligência) que alguém possa ter, mas de sua capacidade de transcender o superficial e desvendar o essencial, que é invisível ao olho humano. E isso vem do Espírito. Inútil pretender adquiri-la fazendo cursos e multiplicando títulos acadêmicos. Ela vem a nós por outro caminho, o da brisa leve, que em suas asas conduz o Espírito.

Normalmente,
a inteligência costuma hospedar-se
em pessoas simples e humildes. Foi isso
que o mestre Jesus nos transmitiu.

Santuário

Fala-se muito hoje em dia de "santuário ecológico" como lugar sagrado a ser respeitado. É verdade que cada criatura deste mundo é tênue reflexo da divindade, mas há um santuário mais sagrado de todos. De fato, quando Deus criou o ser humano à sua imagem e semelhança, quem poderia imaginar que um dia o próprio Deus – na pessoa do Filho – se tornaria gente como nós, feito à nossa imagem e semelhança? E quem diria que escolheria uma família humana para fazer dela seu santuário no meio de nós?

Desse modo, o céu desceu para dentro de todas as casas, enchendo-as de uma paz há muito esperada e saudada com alegria. A mãe se tornou uma sacerdotisa, o pai, um sacerdote e os filhos, a oferta que Deus abençoa e o Espírito santifica.

21 de setembro

A FAMÍLIA É O MAIS SAGRADO SANTUÁRIO QUE DEUS ESCOLHEU E SANTIFICOU COMO MORADIA PERMANENTE. O CÉU AGORA TEM OUTRO NOME.

Ser sujeito

22 de setembro

No mundo em que quase tudo se transforma em objeto, é hora de pensar, querer e permitir que alguém possa ser sujeito, artífice de sua felicidade ou desgraça. A Bíblia diz que Deus colocou à nossa frente felicidade e infelicidade, vida e morte, água e fogo. E ele fica na torcida, querendo que nossa opção seja pela vida.

Nem sempre nossas escolhas são claras ou transparentes, por isso requerem-se discernimento e maturidade. Há um salmo que pede a Deus: "Sonda-me e conhece meu caminho. Vê se não é um caminho fatal, e conduze-me pelo caminho eterno".

Todos os caminhos podem levar ao caminho eterno, desde que orientados e iluminados pelo bem. E sempre há uma possibilidade de mudar o rumo de nossos passos, endireitar o que está torto, nivelar o que não foi aplainado.

Ser sujeito da própria felicidade
ou da própria desgraça
é a maior e mais delicada tarefa da vida.

Veracidade

Uma das melhores e mais acertadas escolhas que se possa fazer na vida é apegar-se à verdade, sem medo de arrependimento. Querer acima de tudo a verdade acerca de mim mesmo e dos outros. Onde se infiltra um mínimo sinal de sua adversária – a mentira –, aí já começou a discórdia que perverte as relações entre os humanos.

A Bíblia garante que o diabo é o pai da mentira – por ter sido mentiroso e enganador desde o começo. O mestre Jesus declarou-se a verdade. Querê-la, defendê-la e promovê-la é estar do lado de Jesus.

O amor à verdade é um valor que nasce e cresce conosco. Quando uma criança mente, talvez não saiba o alcance de sua mentira. Mas, quando um adulto mente, as consequências podem ser desastrosas. A mentira, quando a verdade é banida, constrói um império de morte, e nem o próprio mentiroso está a salvo de suas tramas.

Ame sempre e acima de tudo a verdade.

23 de setembro

Santidade

24 de setembro

Várias vezes a Bíblia diz que a vontade de Deus a nosso respeito é a santidade. Quando se toca nesse assunto, alguns são levados a pensar que ser santo é ser estranho, esquisito, quase um ET. Puro engano. Nem é preciso imaginar que santos sejam só os oficialmente declarados pela Igreja.

Para o apóstolo Paulo, todos os batizados são santos. Santo é quem levou a sério a vida e o compromisso com Deus e as pessoas. Há tantos caminhos para se chegar à santidade quantas são as pessoas que existem no mundo. Existem santos reis e santos pobres, santas virgens e santas mães, santos doutores, santos e santas que nem sabiam ler ou escrever; santos que não se afastaram do reto caminho e santos que erraram muito antes de se encontrarem. Santos negros, brancos, amarelos, crianças, jovens, adultos, anciãos.

Só não será santo quem não quiser.
Ser santo: por que não?
Não é isso que Deus deseja de nós?

Coerência

Coerência vem do verbo latino *cohaereo* e significa "ser ou conservar-se unido, coeso, ter coesão, estar conectado com". Valor humano difícil de encontrar, pois interesses nem sempre claros atentam contra a coerência.

Você se lembra da "dança das cadeiras" no campo político? Onde está a coerência? É preferível conviver com alguém que não concorda em nada comigo, mas mantém-se coerente a seus princípios, a ter de viver com quem vai ao sabor do vento.

No campo religioso, o tema se torna mais delicado ainda, porque às vezes a incoerência vem camuflada de coerência, e temos então a perigosa hipocrisia. Uma exterioridade vistosa unida a nada, conectada com nada. O mestre Jesus se dava melhor com pecadores confessos do que com fariseus hipócritas. Os pecadores mudavam de comportamento, mas os fariseus não.

25 de setembro

Cultive a árdua mas gratificante arte da coerência.

Maduros

26 de setembro

Maturidade vem do latim *maturitas*; além do sentido comum (qualidade do que está maduro), significa também "desenvolvimento completo, perfeição, sabedoria". Cedo ou tarde temos de amadurecer. Dessa forma, nossa visão das coisas se torna mais abrangente. Embora não tenhamos mais a agilidade e a força física da juventude, sentimo-nos mais ponderados, centrados, equilibrados, numa palavra, sábios.

Curtimos essa etapa única da vida, a dos frutos maduros, e nos tornamos mais seletivos: sabemos buscar o que tem valor. Olhamos para o passado sem saudades e sem lamentos, porque estamos na melhor fase da vida. Não produzimos mais como antes, mas nosso produto é de qualidade: sabedoria e experiência de vida. Seremos como as frutas saborosas do outono: apanham todo o sol do verão para se tornarem maduras lá na frente. Sim, se na idade madura não produzimos sabedoria, o que será de nós?

O que faltou?

É fácil descobrir o que faltou na vida de pessoas que se perderam nas malhas da violência e dos vícios, tornando-se muitas vezes vítimas fatais. É fácil adivinhar o que faltou em adultos descentrados e perdidos, que não sabem por que vieram ao mundo. É fácil imaginar os motivos que levam pessoas à lenta autodestruição por causa das drogas e coisas similares.

No fundo, na origem de tudo isso, faltou família, uma família bem constituída, aquilo que no passado se chamava de lar. Ela é o ponto de partida e o primeiro aprendizado para a vida e os relacionamentos humanos. São poucos os que nascem sem família e conseguem tornar-se cidadãos de bem. A mais antiga instituição humana é também a mais necessária para o crescimento equilibrado e sadio das pessoas.

27 de setembro

CRIANÇAS SEM FAMÍLIA
SÃO CRIANÇAS SEM FUTURO.
QUEM NÃO VÊ UM AMANHÃ PELA FRENTE
NÃO VÊ IGUALMENTE UM SENTIDO
PARA O HOJE.

Ter ídolos?

28 de setembro

O mundo está cheio de ídolos: astros e estrelas, atletas e atores, mercado e bens... Quem consegue viver sem eles? Penso que só alcançaremos a maturidade quando deixarmos de cultuar ídolos.

O ídolo se interessa por você se você está sem emprego, doente ou passando necessidade? O ídolo se preocupa com o seu futuro? Não. O ídolo não pensa como você estará amanhã. Você já recebeu algo do seu ídolo? Ele lhe dá alguma coisa que ajude você a ser mais? Em geral, os ídolos pensam apenas em si, e não em quem os idolatra. O que os ídolos têm de especial que você não tem?

A Bíblia os critica duramente, porque são vazios e devoram quem os idolatra. O profeta Jeremias afirmava, com razão, que o vazio preenche os que vão atrás de ídolos vazios. Você já se imaginou cheio de nada? Cheio de vazio? No fundo, ter ídolos é carência de bom senso, pois a pessoa sábia só se dobra diante de Deus.

Herói

Quando crianças, tínhamos nossos heróis: os pais ou parentes próximos. Depois, descobrimos os heróis das revistas, da TV, dos filmes... Crescemos e, a duras penas, reconhecemos que não é atitude sábia projetar nos outros aquilo que nós próprios devíamos fazer. O herói, portanto, não é o outro, mas você, eu. Nesse sentido, não existe delegação: "Vencendo, o herói vencedor me faz vencer com ele, ele vence por mim, visto que eu me sinto incapaz de vencer".

Nunca delegue ao herói a tarefa de vencer por você, pois isso seria a pior negação de viver. Nunca projete no herói suas fantasias, porque é você quem deve partir para a conquista. É lógico que você comemora as vitórias do seu time, e isso pode até elevar seu moral. Mas a vitória tem efeitos passageiros no cotidiano em que você vive. O time lhe deu um carro e você deixou de pegar o trem para ir trabalhar?

Seja você mesmo seu herói.

O outro lado

30 de setembro

Fazia pouco tempo que Zezinho se mudara para aquele bairro, bem em frente a uma praça que tinha no centro uma estátua. Ele costumava sentar num banco à frente da estátua para descansar. Incomodava-o a feiúra dela, tornada ainda mais sinistra quando o sol a banhava no lado oposto, e a visão que ele tinha era agravada pela sombra.

Conversou com um velho morador do lugar, manifestando o desagrado que sentia. O amigo o levou para o outro lado da estátua, que tinha duas faces. Banhado pelo sol, o outro lado era encantador: transmitia serenidade, irradiava paz e muita luz.

E havia ali um banco para as pessoas sentarem e contemplarem o lado luminoso da estátua, como se ela fosse um espelho em que vemos a nós e os outros refletidos. A estátua era uma metáfora do ser humano. Cabe escolher o lado certo para contemplar sua luminosidade e receber um pouco do seu brilho.

Acordar disposto

Acordar com boa disposição é fundamental para que se tenha um bom dia ou que os problemas não sufoquem a jornada. Você sabe que as coisas negativas tendem a crescer se pensarmos muito nelas. E abafam as coisas boas. Recuse-se sempre a acordar pensando coisas negativas. E evite escutar choramingas de outros.

Saúde o novo dia, sinta-se feliz por estar vivendo, agradeça a Deus o dom da vida, busque no fundo do seu ser coisas boas, a fim de começar o dia para cima, vacinado contra pensamentos e pessoas negativas.

Evite coisas que possam prejudicar sua saúde, como fumar ou ingerir álcool. Saúde com entusiasmo as pessoas da família ou do trabalho, demonstrando disposição. Vá à luta, pois cada dia é nova chance de ser mais feliz. Você verá que os problemas – à primeira vista enormes e monstruosos – na verdade não são superiores à capacidade que você tem de superá-los.

1º de outubro

Disposição

2 de outubro

A segunda-feira se abre para algumas pessoas como dia desfavorável: cansaço, certa dose de preguiça. Se for assim, você já pensou quantas segundas-feiras já passaram por sua vida com esse estigma? São oportunidades que não se repetem. Talvez devêssemos aprender com os feirantes: ainda escuro, montam alegres e dispostos suas barracas, enfrentando mais um dia – único – com possibilidade de ser feliz.

É importante começar a semana com disposição, "levantar com o pé direito", como se diz. Num salmo, o salmista convida seus instrumentos musicais – harpa e lira – a despertar para, com ele, despertar a aurora. Esse salmista certamente não sofria a síndrome da segunda-feira. Como é bom acordar com disposição a cada manhã, pois é um dia inédito que a misericórdia divina nos concede.

Para a pessoa disposta,
não há frio ou calor,
sol ou chuva que atrapalhem,
pois todo dia é nova chance de ser feliz.

Compromisso

Compromisso é coisa séria. Embora existam pessoas com dificuldades em aceitá-lo, cedo ou tarde ninguém escapa dele, sobretudo do compromisso com a própria vida, a própria consciência...

Certas etapas da vida dão-nos a impressão de que o compromisso inexiste, mas sem ele jamais alcançaremos a maturidade, o equilíbrio, a estabilidade num emprego ou numa relação com alguém.

O mestre Jesus contou a parábola do homem que encontrou um tesouro no campo, o escondeu e fez de tudo para conseguir o terreno e o tesouro. Contou também a história do comerciante que encontrou uma pérola de valor inestimável. Fez de tudo para adquiri-la. Assim é com o compromisso. Sem ele nunca encontraremos o tesouro que dá sentido ao viver.

3 de outubro

Num tempo como este, em que tudo parece descartável, não seria oportuno recuperar o sentido e o valor dos compromissos que assumimos?.

Escutar

4 de outubro

Certa ocasião, o mestre Jesus entrou na casa de duas irmãs, Marta e Maria. A primeira logo correu à cozinha, afogada em preocupações culinárias. A outra simplesmente se sentou aos pés do Mestre para escutá-lo. Marta queixou-se com Jesus, querendo que Maria lhe desse uma mão. O Mestre fez ver a Marta que não era preciso afanar-se com a comida. Maria tinha escolhido a atitude certa, a escuta.

O povo costuma dizer que Deus nos deu dois ouvidos para escutar e uma boca para falar. Mas quase sempre fazemos a boca trabalhar o dobro de quanto trabalham os ouvidos. Saber escutar é característica de gente sábia. Às vezes nem precisamos dizer nada, simplesmente escutar.

As pessoas ficam satisfeitas quando encontram quem as escute. Um texto apócrifo sobre Maria afirma que ela concebeu pelo ouvido. Para bom entendedor, isso não causa estranheza, pois um judeu reza a cada manhã: "Escuta, Israel...".

Oração

Alguém disse que o trabalho de um evangelizador depende mais de sua oração do que de suas palavras e ações. Mas a oração não se mede pelo tempo, e sim pela intensidade. E quando a intensidade comanda, o tempo passa sem perceber.

Para rezar é preciso ter confiança: se não confiamos em Deus, por que rezamos? É preciso igualmente ser gratos: se não cremos que tudo vem dele, por que agradecemos? Nossas orações não aumentam em nada o ser de Deus, e ele não necessita dos nossos louvores. Nós é que precisamos e, à medida que rezamos, cresce a consciência de quem é Deus, quem somos nós e por que viemos a este mundo.

O mestre Jesus ensinou uma só oração a seus amigos, o pai-nosso. Quando nos dispomos a rezá-lo, meditando-o, sentimo-nos envolvidos por seu amor de Pai. Se entendermos o que isso significa, sentiremos o desejo de abraçar todas as suas criaturas, nossas irmãs.

5 de outubro

Repartir

6 de outubro

O mundo gasta a cada ano cerca de um trilhão de dólares em armamentos. Se nenhum país fabricasse armas e, em vez delas, produzisse comida, em poucos anos não haveria mais pobreza no mundo, realizando o sonho de um antigo profeta de Israel, chamado Isaías. Ele esperava o dia em que as armas seriam trocadas por máquinas agrícolas, geradoras de bem-estar e vida para os povos.

Esse sonho irá demorar muito para se concretizar? Até quando povos inteiros terão de viver com o pesadelo das guerras? E o que dizer de nosso país, tão rico em recursos naturais, porém com mais de cinqüenta milhões de pobres, e metade deles vivendo na miséria? Apenas um pequeno país da África nos supera nos índices da desigualdade social. Não é isso escandaloso, sobretudo por sermos quase todos cristãos? Quando iremos aprender a repartir? Há um ditado que diz:

> QUANDO AS ARMAS ESTÃO PRONTAS,
> O BOM SENSO VAI EMBORA.

Coragem

O medo paralisa. Costuma-se afirmar que "quem não arrisca não petisca". Alguém disse que: "Quem arrisca, arrisca errar. Mas quem não arrisca erra sempre". O medo transforma um rato em leão e um gato num tigre. E não cessa de nos assustar, até com nossa própria sombra. Combate-se o medo com a coragem.

A Bíblia está cheia de exemplos de pessoas corajosas. A coragem nos torna fortes, faz-nos acreditar em nossas capacidades e desperta em nós novas potencialidades. Num tempo em que toda a França tremia de medo diante dos inimigos, Joana d'Arc encheu-se de coragem, comandou o exército e pôs os inimigos para correr, reeditando as proezas do jovem Davi, que venceu o gigante Golias e se tornou o mais importante rei de Israel.

7 de outubro

Com cara e coragem, muitos superaram barreiras que pareciam superiores à capacidade humana.
A coragem, vencedora do medo, fará de você um herói.

Responsáveis

8 de outubro

Zezinho contava a história de um agricultor que tinha um cão chamado Fido (Fiel). Certa tarde, ao voltar do trabalho, o dono esqueceu na roça a cesta do almoço. À noite procurou Fido para lhe dar de comer, mas em vão. No dia seguinte, voltando ao trabalho, encontrou seu cão deitado junto à cesta, vigiando.

A palavra responsabilidade significa "habilidade de responder", "capacidade de corresponder". Em termos religiosos, nossa responsabilidade é enorme, pois o mestre Jesus confiou-nos o Reino. Se as coisas vão mal, não é culpa dele, mas de nossa irresponsabilidade.

Cada ser humano carrega consigo algo pelo qual é responsável. Para Deus, é preciso ser responsável nas pequenas coisas para merecer as grandes. Quando damos às crianças, adolescentes e jovens algo pelo qual sejam responsáveis, costumam levar a sério o que lhes foi confiado, e isso os ajudará a crescer como cidadãos.

Crises

Você já deu boas-vindas às crises? Por que não? Elas são ótima oportunidade para nos conhecermos mais e melhor. É graças a elas que crescemos. Cutucam nossa criatividade, despertam o pequeno gênio adormecido dentro de nós. Não é isso que acontece quando uma empresa entra em crise?

A criatividade se manifesta mais nas dificuldades do que em tempos de vacas gordas. Em grego, *krisis* é a ação de distinguir, de escolher, de separar. Toda crise exige de nós uma escolha para poder responder. Nessa mesma língua, "resposta" se diz *apócrisis* (*apó* = depois). Estaria insinuando que toda resposta tem de passar por uma *krisis*? Se assim for, benditas as crises que nos proporcionam boas escolhas, boas respostas. É assim que nos vamos conhecendo em profundidade e avançando um pouco a cada dia: graças às crises. Há um ditado que diz:

> Pouco se aprende com a vitória,
> mas muito com a derrota.

9 de outubro

Ricochete

10 de outubro

"Querendo fazer mal àquela pessoa, eu acabei me machucando", disse-me alguém. Pena que quase sempre reconhecemos isso depois de termos sido machucados pelas armas que fabricamos para ferir os outros. Já é um grande passo reconhecer que, ao pretendermos ferir os outros, corremos o risco de ser a primeira vítima de nossa própria violência. O passo seguinte, e decisivo, é mudarmos completamente nossa estratégia: em vez de pagarmos o mal com o mal, procurarmos fazer o bem, desarmando-nos em primeiro lugar, para, em seguida, desarmarmos a pessoa que procurávamos prejudicar.

Os maiores vencedores deste mundo não venceram pela força das armas, mas pelo poder do bem. E pessoas poderosas em armas, usando a força e a violência, revelaram toda a sua fragilidade. Jesus é a maior prova disso. Foi morto como um derrotado pela truculência dos grandes, mas na morte derrotou toda forma de mal; e possui uma vida que não se acaba.

Conversão

Quando ouvimos essa palavra, pensamos logo nos grandes personagens da História que se converteram (o apóstolo Paulo, Agostinho) ou nos que mudaram de religião no passado e no presente. E pode acontecer que vejamos a conversão como algo difícil, que custa sacrifício. Não é exatamente assim.

Conversão é uma estrada cada vez mais larga que nos conduz para o bem. Se você, à medida que vai vivendo, se torna mais tolerante com as pessoas, mais compreensivo, mais paciente, mais "coração mole", mais carinhoso, significa que está se convertendo a cada dia. A conversão quase nunca é um fato extraordinário na nossa vida. Normalmente é feita de pequenos gestos que fazem grande uma pessoa. Tudo o que acontece em torno de nós pode se tornar motivo de conversão:

Basta ter um pouco de sensibilidade, não fechar o coração e prestar atenção aos apelos que Deus continuamente nos envia.

11 de outubro

Prioridade

12 de outubro

Toda empresa estabelece metas e prioridades. Mas não é somente nas empresas. Em família e pessoalmente também há prioridades. Pode acontecer que alguém não tenha encontrado sentido na vida pelo fato de não ter estabelecido prioridades.

O mestre Jesus, nesse sentido, é muito exigente. Reservou a prioridade para si, de modo que sem ela ninguém consegue ser seu discípulo. Disse que não podemos servir a Deus e à riqueza ao mesmo tempo. Exigiu prioridade absoluta: acima dos familiares, dos bens, de tudo. De modo que segui-lo é tornar secundárias todas as outras realidades.

De fato, quem prioriza os bens e as riquezas não deixa espaço para outras realidades. Mais que possuir bens ou riquezas, essa pessoa se deixa possuir por eles, de modo que se torna sua serva. O mestre Jesus disse que "onde está o seu tesouro, aí estará também o seu coração". E então, por que não lhe entregamos nossa vida e todo o ser?

Misericórdia

Dizem que misericórdia significa "dar o coração aos míseros", aos que mais necessitam. O mestre Jesus recomendou ser misericordioso como o Pai celeste, imparcial, bom para com todos, também para com os ingratos e maus.

A Bíblia diz ainda que, no exame final, cada pessoa será avaliada com o metro da misericórdia. O julgamento será com misericórdia para quem fez dela sua companheira, e será sem misericórdia para quem dela se afastou. Costumamos pedir que Deus seja misericordioso conosco, mas é útil perguntar se nós o somos em nossos relacionamentos, em casa, no trabalho... "Dar o coração aos míseros" é dar o melhor a quem está na pior.

No evangelho de Lucas, três são os que agem com misericórdia: Jesus, que se compadece ao ver a viúva de Naim levando o filho único para o cemitério; o samaritano, que socorre o caído no caminho; o pai do "filho pródigo", que acolhe o filho que retorna.

13 de outubro

Esforço

14 de outubro

Nada se conquista sem esforço, pois nada nos é dado de mão beijada. E se por acaso alguém recebe algo sem esforço, certamente não lhe dá o valor merecido. Aquilo que conquistamos com suor é que tem valor, pois só valorizamos o que nos custa.

Há crianças afundadas em brinquedos e descontentes, e crianças contentes com um mísero e gasto brinquedo. O jovem pobre valoriza o pouco dinheiro que ganha, e o jovem rico torra o muito que tem com drogas.

O mestre Jesus insistiu no esforço. Disse que a salvação é como porta estreita. Para entrar por ela, precisamos perder as "gorduras" que nos tornam pesados, lentos e largos. Um santo famoso disse: "Aquele que te criou sem ti, não te salvará sem ti". O apóstolo Paulo falava dos exercícios a que se submetem os atletas para alcançar um prêmio. O mesmo acontece conosco:

SEM ESFORÇO NADA SE CONSEGUE,
A NÃO SER UMA DESPREZÍVEL MEDIOCRIDADE.

Vigilância

A violência urbana reforçou a vigilância. Hoje vivemos cercados de câmeras – "Sorria, você está sendo filmado" –, e mesmo uma parafernália de providências não nos deixa seguros. Temos de vigiar nossos passos, nossa conduta, nosso caminho. E por que não vigiar a nós mesmos? "Para morrer, basta estar vivo."

O mestre Jesus disse que virá em hora não marcada, sem aviso prévio. É melhor vigiar. Um sábio judeu dizia que devemos viver hoje como se fôssemos alcançar os cem anos, mas também como se fôssemos morrer amanhã.

O melhor modo de vigiar é fazendo o bem, vivendo em paz e harmonia com Deus, os outros e consigo mesmo. Fazer bem todas as coisas, também as pequenas. Evitar todos os males, também os pequenos. Um provérbio afirma que "tropeçamos sempre nas pedras pequenas, as grandes, logo as enxergamos".

> TROPEÇO SEMPRE MACHUCA,
> AINDA QUE A PEDRA SEJA PEQUENA.

15 de outubro

Terapeuta

16 de outubro

Quem é mais forte e pode mais, o terapeuta ou seu cliente? Claro que é seu cliente. O terapeuta pode até desenterrar a raiz dos males que afligem nossa alma, mas cabe a nós arrancá-la. Ele não a arrancará por nós. Cada um é terapeuta de si próprio.

Não se ilumina um quarto escuro excomungando as trevas, mas acendendo uma lâmpada. E quem deve acender a lâmpada sou eu, é você. Você se recorda daquele quadro famoso em que Jesus, do lado de fora, bate numa porta sem maçaneta? Quando o pintor apresentou o quadro, alguém logo lhe observou que faltava a maçaneta.

Mas o pintor estava certo: aquela porta só se abre por dentro. É o dono da casa quem tem a chave e pode abri-la. A chave que soluciona nossos problemas está dentro de nós. A resposta que tanto buscamos não está no além, mas dentro de cada pessoa.

Não busque longe de você ou nos outros aquilo que foi semeado dentro de você.

Aprendizado

A vida é contínuo aprendizado. Na escola, somos sempre alunos. Aprendemos cantando e chorando. Há um ditado que afirma: "Difícil é somente aquilo que ainda não aprendemos". Dizemos também: "Vivendo e aprendendo".

Aos poucos a criança aprende que o fogo queima, que a água pode estar fria... Antigamente, quando a criança era batizada, costumava-se pôr em sua boca um pouco de sal – um dos primeiros aprendizados do bebê.

Gradativamente, aprendemos a temperar a vida, a reconhecer que o bem vale a pena e que o mal não compensa, até fazermos a grande experiência de morrer e viver além da morte. Esta é prova de nossa maturidade, pois ninguém fará por nós ou conosco essa passagem. Nós atravessamos sozinhos. Não se furte ao aprendizado da vida.

17 de outubro

Aproveite cada situação
– boa ou ruim – para tirar dela algo
que ajude a viver com equilíbrio,
sabedoria e prazer de viver.

Ser feliz

18 de outubro

Uma coisa é certa: viemos a este mundo para sermos felizes. É muito fácil encontrar Deus quando desfrutamos a felicidade. Mas há quem olhe para trás ou para a frente crendo que a felicidade é algo do passado ou um sonho que se refugia num futuro distante. A felicidade é para hoje, para este momento, e é simples. Quem adia a data de ser feliz nunca o será.

"A maioria das pessoas é feliz na medida em que decidiu sê-lo." Você tem a possibilidade de escolha, a capacidade de reagir, transformar e passar à ação para ser feliz. Você o conseguirá se crer que conseguirá. Não inveje a felicidade dos outros. Diga simplesmente: "Se eles conseguiram, por que eu não hei de conseguir?".

Ser feliz, porém, não é ter as mesmas coisas que têm os outros. Podemos ser felizes simplesmente por ter saúde, por estar perto da pessoa amada, por ter um bom emprego, por ter filhos maravilhosos...

Tente ser feliz à sua maneira.

Mente sadia

19 de outubro

Antigamente se dizia "mente sã num corpo são". Mas pode-se dizer o oposto: "corpo são numa mente sadia". Os males do corpo costumam ser alarmes da mente, da alma, do espírito. Quando isso acontece, é prudente escutar a alma, saber o que se passa com ela. E trabalhar preventivamente, não a machucando, para que suas feridas não venham a se manifestar no corpo em forma de doenças.

Há um provérbio que diz: "Coração contente, o céu atende". Ter mente sadia depende de nós, de cada pessoa. Recuse-se com energia a viver remoendo problemas, cultivando amargura, rancor e até ódio. Essas doenças da alma explodem no corpo, e nem sempre os médicos conseguem diagnosticar a causa e receitar o remédio. Pensamentos negativos são venenos para o espírito, e quem se envenena dessa forma torna-se a primeira vítima – como se a serpente venenosa se picasse, causando a própria destruição.

Iguais

20 de outubro

Somos totalmente diferentes uns dos outros, mas radicalmente iguais. Diferentes por causa da raça, da cultura, da formação, da personalidade. Rigorosamente iguais na dignidade de seres humanos feitos à imagem e semelhança de Deus.

É ignorância considerar-se mais que os outros, e fraqueza julgar os outros superiores a nós. Ninguém é mais do que ninguém, e ninguém é menos do que ninguém. O rico não compra a vida com seu dinheiro, nem o poderoso com seu poder. Perfumes finos e roupas elegantes não impedem a decomposição do cadáver.

Do nascimento à morte, temos inúmeras provas de que somos todos iguais. Nascemos do mesmo modo e morremos da mesma forma. A diferença pode estar no modo como cada um joga o jogo da vida. Mas, como diz um sábio provérbio:

"Ao término do jogo,
o rei e o peão voltam à mesma caixa".
Não nos deixemos iludir!

Prática

O que vale mais, a teoria ou a prática? Quando estudava no colégio, Zezinho ouvia seu pai dizer que "vale mais a prática do que a gramática".

O mestre Jesus afirmou que religião não é feita de "Senhor, Senhor", mas de gestos concretos, de prática. E contou a história da pessoa prudente que construiu a casa sobre a rocha, resistente à tempestade, para classificar a pessoa prática, portadora de bom senso.

Há um provérbio oriental que diz: "Quem estuda e não pratica o que aprendeu é como homem que lavra e não semeia". Nós precisamos de teóricos, mas suas teorias são declaradas certas quando bem-sucedidas na prática, na experiência. Anos atrás se falava de "obras de misericórdia" como expressão de uma religião prática, de atos. Religião significa "ligação" com Deus, com a divindade.

21 de outubro

> NA VERDADE, NÃO EXISTE FORMA
> MAIS PERFEITA DE "LIGAR-SE"
> COM A DIVINDADE DO QUE "LIGAR-SE"
> AO PRÓXIMO, ÀS PESSOAS.

Grandeza

22 de outubro

Os títulos honoríficos dos nobres, dos eclesiásticos e dos eruditos dão à pessoa comum a sensação de estar anos-luz de distância dos grandes. Isso se agrava quando consideramos como essas pessoas moram, se vestem, se relacionam, viajam... E surge invariavelmente o abismo entre grandes e pequenos.

Não raras vezes a virtude é atribuída ao nobre, e o vício ao pequeno. Ao grande atribuímos honras; ao pequeno, desprezo. O nobre é a própria grandeza; o pequeno, a baixeza. Será verdade isso? Não poderia ser o contrário? Não foi um faxineiro a encontrar e devolver um pacote de dólares num aeroporto?

O maior filósofo grego afirmou: "A grandeza não consiste em receber honras, mas em merecê-las". A mãe do Senhor declarou em seu poema: "Deus olhou para a humilhação de sua servidora, o Todo-poderoso fez grandezas em meu favor... pois se recordou de sua misericórdia, que jamais desaparece".

Erros

Dizemos: "É errando que se aprende" e "Errar é humano...". Um poeta oriental afirmou: "Se fechas a porta a todos os erros, também a verdade ficará de fora".

Há quem se desespere por causa dos próprios erros, e os que fazem deles um aprendizado para a vida. Você sabe lidar com os próprios erros e os dos outros? Quem reconhece os próprios é capaz de aceitar, compreender e perdoar os dos outros. Pessoa sábia é aquela que tira lições de todos os erros, pois, como se diz, "Há males que vêm para o bem".

Quando você errar, não seja severo consigo mesmo. Perdoe-se e procure levar vantagem, fortalecendo-se no bem. Quando os outros erram, procure corrigir o mesmo erro em você, de modo que não venha a cometer o mesmo engano.

Lembre-se: a verdade pode estar escondida sob um montão de erros.

Escondidas

24 de outubro

"As raízes debaixo da terra não pedem recompensa por encher de frutos os ramos", dizia um sábio oriental. Às vezes quem trabalha nos bastidores é mais importante do que quem atua no palco.

O mestre Jesus desaprovou a ostentação dos fariseus e doutores da lei, chamando-os de hipócritas, ou seja, bons artistas, que não vivem o que representam. Os trabalhos menos vistosos são quase sempre os mais necessários. Que o digam as donas-de-casa ou as faxineiras e arrumadeiras, os serventes de pedreiro e tantos outros.

Quem tem olhos de ver verá e aprenderá a não endeusar ninguém. Talento e competência nem sempre são captados pelas telecâmeras. As raízes não pedem recompensa. Saberão os frutos agradecer às raízes e tributar-lhes parte daquilo que são?

QUANDO PENSAMOS NESSAS COISAS, SURGE À NOSSA MENTE UMA PROCISSÃO DE PESSOAS – RAÍZES ESCONDIDAS – QUE NOS PERMITIRAM VIVER E SER O QUE SOMOS.

Delicadeza

Mãos delicadas tratam feridas profundas sem machucar, e delicadeza cura sem ferir as chagas da alma. Um antigo profeta de Israel anunciava a chegada de alguém que não apagaria o pavio que fumegava, nem quebraria a cana rachada. Os cristãos entendem que esse personagem tomou corpo no mestre Jesus, manso e humilde de coração.

Delicadeza não pode ser considerada apenas um atributo feminino, pois é a arte de tratar temas e problemas difíceis sem machucar, sem abrir feridas maiores. O trânsito agitado, os meios de transporte precários, as longas filas nas repartições públicas etc. são oportunidades para o exercício da delicadeza. Não permita que sua adversária – a grosseria – contamine seu dia-a-dia. Palavras, gestos e atitudes de delicadeza abrem tantas portas que se fecham ao brutamonte.

A DELICADEZA COSTUMA SER
MAIS FORTE QUE A FORÇA BRUTA.
DELICADEZA CURA, GROSSERIA MATA.

25 de outubro

Destino

26 de outubro

Destino existe? Somos seus reféns? Nossa vida está predeterminada? Alguns têm destino feliz e outros não? Com muito saber, alguém esclareceu: "O destino não é uma questão de sorte, é uma questão de escolha; não é algo a se esperar, é algo a se conquistar". Cada pessoa deve sentir-se construtora do próprio destino. Com nossas escolhas, podemos estar construindo a felicidade ou a infelicidade, a salvação ou a perdição.

Deveria ser muito claro a todos que o caminho do mal não compensa e que a opção pelo bem cedo ou tarde será recompensada. Quem escolhe o caminho errado precisa saber que um dia será vítima do próprio mal; e quem busca o caminho do bem um dia verá o bem ocupar sua vida. Diante de nós, há dois caminhos, e nós somos plenamente livres e soberanos na escolha. Mas é oportuno perguntar:

> NÃO É INSENSATEZ E LOUCURA
> ESCOLHER O CAMINHO
> CAUSADOR DA PRÓPRIA DESTRUIÇÃO?

Construir

A vida é uma contínua construção, e nós somos seu engenheiro e arquiteto, mestre-de-obras e pedreiro. A casa da vida não nos é dada construída. A planta está junto do Criador, e é uma planta original para cada pessoa. Felicidade é poder construir a própria vida e sentir-se bem nela, sem buscar comparações com os outros.

Construa sua própria vida, construa a própria felicidade. Esta não nos é dada sem esforço, não chega pelo correio, não é trazida pelo trenó do Papai Noel. Ela brota dentro de você, está presente nas pequenas coisas que compõem seu cotidiano.

O mestre Jesus proclamou felizes os pobres em espírito, os mansos, os pacíficos, os puros de coração... Felicidade é construir a própria vida de modo singular e único. E construir para além de nossos sonhos e esperanças, pois o mestre Jesus garantiu que:

Na casa de seu Pai, há morada para todos, à espera daquilo que construímos aqui.

27 de outubro

Semeador

28 de outubro

O semeador é um invencível criador de sonhos e alimentador de esperanças. Conhece o poder da semente, sabe da força fecundante do solo, perscruta os tempos e, no momento e hora certos, lança a semente à terra, à espera da colheita. O semeador é uma metáfora da vida.

Diz um sábio oriental: "Podemos escolher o que semear, mas somos obrigados a colher aquilo que plantamos". E a sabedoria popular garante: "Quem semeia vento colhe tempestade". O mestre Jesus usou a imagem do semeador para falar de sua atividade.

Nem sempre o que semeamos vinga, mas as sementes que brotam e frutificam compensam as perdidas. Nunca se canse de semear o bem na própria vida e na dos outros, pois no dia em que os semeadores cansarem, o terreno estará à disposição de quem semeia joio em lugar de trigo.

> NINGUÉM ESPERA COLHER
> O QUE NÃO PLANTOU.
> QUEM SEMEIA EM LÁGRIMAS
> COLHERÁ CANTANDO.

Experiência

Quantas vezes os mais velhos nos aconselharam – para nosso bem – e nós não lhes demos atenção. As novas gerações têm muito mais chances de ser felizes ou errar menos se escutarem a voz da experiência. Mas nem sempre os filhos ouvem os conselhos dos pais ou dos mais experientes. Preferem aprender por conta própria, às custas de muitas e dolorosas cabeçadas.

Um provérbio chinês afirma: "Quando um homem descobre que seu pai tinha razão, geralmente já tem um filho que o acha um errado". Assim como a história é mestra da vida, a experiência e a sabedoria dos idosos são uma escola aberta para quem deseja errar menos e ser mais feliz. Se cultivássemos mais a memória histórica, o passado serviria de lição para iluminar o presente e reduzir os sofrimentos no futuro.

29 de outubro

> ESCUTE E SIGA A SABEDORIA DOS MAIS
> VELHOS, E VOCÊ NÃO TERÁ MOTIVOS
> DE ARREPENDIMENTO NO FUTURO.
> VIVA COM SABEDORIA!

Problemas

30 de outubro

Um provérbio chinês diz: "Se o problema tem solução, não esquente a cabeça, porque tem solução. Se o problema não tem solução, não esquente a cabeça, porque não tem solução". Às vezes é salutar deixar os problemas de molho por algum tempo. Depois de um bom sono, eles não parecem tão monstruosos como no dia anterior. Problemas todos têm, e ninguém possui cartola ou vara de condão para livrar-se deles num passe de mágica.

O mestre Jesus disse coisas incríveis a respeito do afã que pode cercar nossa vida. Perguntou se por acaso conseguimos aumentar de tamanho às custas de tanto nos preocupar. E disse também que não adianta cair na ansiedade por causa do amanhã. Cada dia traz consigo sua dose de problemas e preocupações. Estressar-se pelos problemas do dia seguinte sobrecarrega o hoje e não alivia o próximo dia.

BASTA A CADA DIA O SEU AFÃ,
GARANTIU O MESTRE JESUS.

Sem discriminar

Na cruz, o mestre Jesus pediu perdão por aqueles que o estavam matando. E ordenou a seus seguidores serem misericordiosos como o Pai celeste, que não discrimina, não é bom somente para os bons, mas o é também para os ingratos e maus. Como Pai bondoso, ama a cada um de seus filhos, mesmo que seu amor não seja correspondido.

É fácil e gostoso amar quando o amor é uma estrada de mão dupla – "amor com amor se paga". É heróico o amor de mão única – aquele que é retribuído com indiferença e até com ódio. O amor autêntico não discrimina.

Certa vez perguntaram a uma mãe se ela gostava mais do filho que lhe devotava mais amor e atenção. Ela respondeu que seus filhos eram como os dedos da mão: qualquer um que se corte acaba doendo, fazendo o corpo inteiro sofrer. Não discrimine ninguém. Faça como indica um provérbio hindu:

A ÁRVORE NÃO NEGA SUA SOMBRA
NEM AO LENHADOR.

Futuro

1º de novembro

"Todas as flores do futuro estão nas sementes de hoje", garante um provérbio chinês. Isso nos enche de esperança e responsabilidade: esperança de que o amanhã seja melhor para todos; responsabilidade porque ele depende daquilo que plantamos hoje.

Há na Bíblia um salmo que fala das dificuldades do agricultor que semeia e rega com lágrimas as sementes que planta. Mas o sofrimento da semeadura e seu cansaço não têm comparação com a alegria da colheita, alegria que faz esquecer o peso dos feixes colhidos.

O apóstolo Paulo, falando de outra dimensão, garante que os sofrimentos e tribulações dos dias de hoje não podem ser comparados com a alegria e a paz que nos estão aguardando no céu. Também nessa dimensão, as sementes que plantamos no presente já contêm todas as flores e frutos do futuro que nos espera.

Não precisamos temer o futuro
se hoje fazemos o bem.
O amanhã é a coroa do hoje.

Sucesso

O sábio não desespera diante dos próprios erros nem diante dos erros dos outros. De erros também se vive. Aliás, quem já alcançou o sucesso garante que os erros foram tão importantes quanto os acertos ou até mais. Ninguém deseja fracassar, mas o fracasso às vezes independe de nossa vontade.

Você quer ter sucesso? Aprenda com os erros. "O fracasso é a mãe do sucesso", afirma um provérbio chinês. Não admitir erros causa mais estresse do que contar com eles em nossa bagagem. Deveríamos dizer: "Quero alcançar o sucesso apesar dos possíveis fracassos", e evitar querer o sucesso sem nenhuma possibilidade de fracasso.

O apóstolo Paulo foi um homem bem-sucedido, mas sua trajetória contou com inúmeros momentos difíceis: perseguições, prisões, dificuldades sem conta, conflitos e tensões. Sentia-se, contudo, supervencedor, pois, além de tudo, contava com a graça de Deus.

2 de novembro

Bom caráter

3 de novembro

Caráter é "o conjunto das qualidades (boas ou más) de um indivíduo, e que lhe determinam a conduta e a concepção moral". O caráter diz tudo de uma pessoa, para o bem – bom caráter – e para o mal – mau caráter. Na escala de valores, ocupa o primeiro posto, pois determina toda a conduta do ser humano.

Há um provérbio chinês que diz: "Dinheiro perdido, nada perdido; saúde perdida, muito perdido; caráter perdido, tudo perdido". A formação do caráter começa no berço e não termina. À medida que avançamos na vida, nosso caráter vai se burilando ou embrutecendo, segundo a orientação que damos aos nossos passos.

Conta-se de um santo que, sendo de índole rebelde e belicoso, batalhou a vida inteira para burilar seu caráter. Nos últimos anos de vida, o povo o chamava de "o doce Jesus na terra". Perda de caráter é perda total.

PESSOA DE BOM CARÁTER
ESPALHA BONDADE POR ONDE PASSA.

Provas

A vida é cheia de provas. Para passar de ano, os alunos se submetem a elas; para entrar na faculdade, há provas; para obter a carta de habilitação, fazemos exames. E o que dizer dos atletas? Sua vida é feita de testes, de provas. Na cozinha, dificilmente se deixa de provar os temperos.

As provas nos tornam mais fortes. "Águas mansas não fazem bons marinheiros", sustenta um provérbio indiano. A vida é uma prova com exame final. Seremos aprovados ou não? Depende de cada um.

O mestre Jesus disse certa vez que quem tem receberá ainda mais, e quem não tem perderá até o pouco que pensa ter. Isso não quer dizer que Deus seja arbitrário, tirando de uns e dando a outros. Ele quis dizer que crescemos à medida que superamos provas e etapas, ganhando sempre novas forças; e arriscamos perder o pouco que temos se nos acovardamos diante dos desafios que o cotidiano nos oferece. Não se apequene diante das provas.

4 de novembro

Falar ou escutar?

5 de novembro

Você já se arrependeu alguma vez de ter falado certas coisas? Você se caracteriza mais pelo falar ou pelo escutar? Não é escutando os professores que os alunos aprendem e crescem na vida? E quando você era criança, na fase dos porquês, você não aprendia escutando mais que falando? E não era gostoso escutar os mais velhos contarem histórias para nós?

Há mais pessoas capazes de falar ou pessoas aptas a escutar? Você já percebeu que o terapeuta só pode ajudar-nos depois de muito escutar o que lhe dizemos? Não é por causa do muito falar que acontecem brigas? Foi por isso que alguém observou com muito acerto: "A sabedoria vem do escutar; do falar vem o arrependimento".

Dificilmente nos arrependemos de escutar os outros para ter mais sabedoria. Antes de falar, aconselha-se contar até dez; para escutar, não. A serpente é surda e morde pela boca.

Quem se dedica a escutar torna-se sábio.
Quem só fala, insensato.

Grandes coisas

O mestre Jesus era amigo dos pequenos e gostava de coisas simples. Valorizou as flores, os pássaros, os pescadores, as mulheres, os pequenos agricultores. E teve palavras duras para os grandes e presunçosos.

Disse que até um copo d'água oferecido não passa despercebido a ele e a seu Pai. Valorizou as pequenas atitudes, como dar de comer a um faminto, vestir quem não tem roupa, visitar um doente ou preso, acolher alguém na própria casa... coisas que não nos custam tanto. E garantiu que, ao fazermos isso (ou não) a um necessitado, é a ele que o fazemos (ou deixamos de fazer).

Essas pequenas coisas poderão um dia nos surpreender, como disse alguém: "Aproveite bem as pequenas coisas; algum dia você vai saber que elas eram grandes". Sabendo disso, podemos desde já praticá-las.

E HÁ GRANDES COISAS MAIS SIMPLES AINDA:
UMA PALAVRA DE CONFORTO,
UM AFAGO, UM SORRISO,
UM OLHAR CARINHOSO...

6 de novembro

"Carpe diem"

7 de novembro

Você certamente conhece a fábula da formiga e da cigarra: no verão, uma armazenava, a outra cantava. No inverno, a primeira tinha, a segunda definhava. A narração é uma metáfora de como vivem os humanos. Vale a pena tanto estresse, homem-formiga? A vida é só ócio, homem-cigarra?

Os latinos cunharam a expressão *carpe diem* – "aproveite o instante fugidio". De fato, a vida é feita de momentos fugidios, e é sabedoria usufruí-los. Alguém muito sábio aconselhava: "Viva um dia de cada vez. O ontem já passou, o amanhã não chegou e o hoje está a lhe esperar".

A saudade lança raízes no passado; a ansiedade se preocupa com o amanhã, abortando o hoje. E quando chega o amanhã, ela o aborta, envenenando o próximo dia. Ocupe-se com o hoje como oportunidade única para viver e ser feliz.

DEIXE CHEGAR O AMANHÃ
PARA SE OCUPAR COM ELE.
NÃO SEJA INFELIZ HOJE
POR CAUSA DO AMANHÃ.

Fraternidade cósmica

Aos poucos vamos aprendendo que somos um elo na cadeia da criação. Aprendemos a duras penas vendo o desequilíbrio ecológico que nossa sociedade gerou. Descobrimos que cada ser tem uma função a desempenhar na harmonia cósmica, é um elo como nós. E acabamos sentindo-nos irmãos de tudo e de todos, responsáveis uns pelos outros.

No século passado, um país cheio de cobras e serpentes era visto como subdesenvolvido e selvagem. Hoje, com o seu desaparecimento, carregamos o peso de exterminadores de espécies, profanadores de santuários ecológicos.

Um vencedor do Nobel da Paz declarou: "Quando o homem aprender a respeitar até o menor ser da criação, seja animal ou vegetal, ninguém precisará ensinar-lhe a amar seu semelhante". Será que o amor ao próximo, mandamento que o mestre Jesus deixou para nós, passa pelo respeito ao que há de mais insignificante na natureza?

8 de novembro

Posses

9 de novembro

Quem tem muitas posses não se dá conta de que, em vez de possuir, é possuído. Se isso for verdadeiro, trata-se de uma escravidão. Quando isso acontece, não resta espaço para Deus, de modo que a pessoa possui tudo o que quer, mas não tem o que precisa. E se torna arrogante, desprezando quem não tem posses, mas possui o essencial, como exclamou perplexo um místico oriental: "Meu Deus, aqueles que possuem tudo, menos a ti, riem-se daqueles que nada possuem, além de ti".

As posses repetem continuamente: "Nós somos essenciais para você. Sem nós você é infeliz". O despossuído, que só tem a Deus, repete confiante: "Meu Deus e meu tudo". As posses são como o *outdoor* à beira da estrada: pode servir para ocultar aquilo que não desejamos que os outros vejam. Mas basta olhar de outro ângulo, e tudo se torna claro. Há um salmo que aconselha:

> Se suas posses aumentarem,
> não prenda a elas o coração.

Abnegação

Abnegação é a renúncia voluntária de algo que nos caberia por direito, do qual abrimos mão para beneficiar outra pessoa. Pouco ou nada se consegue sem sacrifício, renúncia e abnegação. Você já pensou quanto sono perderam nossos pais por nossa causa?

Alguém disse que "viver para outrem não é apenas a lei do dever; é, também, a lei da felicidade". Abnegação, portanto, é caminho para a felicidade. Como chegar a ela? Um sábio do passado deu uma pista: "O que mais contribui para nos fazer felizes é contribuirmos para a felicidade dos outros".

A felicidade dos pais que vêem os filhos formados é a coroa de renúncias, sacrifícios e abnegação. A Bíblia mostra que isso tem raízes no próprio Deus, que se desfez do seu bem mais precioso – o Filho – e o entregou para que salvasse a humanidade.

Quem pratica a abnegação
está imitando o próprio Deus
e seu Filho Jesus, que veio para servir.

10 de novembro

Ousar

11 de novembro

No tempo da ditadura, ninguém podia ousar. Por ser sinônimo de insubordinação, a ousadia era reprimida com cadeia, exílio e até a perda da vida. Conseqüentemente, a criatividade é abortada e a liberdade suprimida. Mas nem sempre se encontram desculpas para não ousar. Quem não ousa não sabe o que é viver. Alguém afirmou: "A vida é uma oportunidade de ousar". E outro sábio reconheceu que "a fortuna favorece os audaciosos".

Hoje é comum ver filhos adultos que não ousam deixar a casa dos pais e partir para a luta e o dever de percorrer seu caminho. Não seria uma falta de ousadia? Não seria ausência de confiança nas próprias capacidades? Pequenos empreendedores nem sempre são bem-sucedidos em seus empreendimentos. Mas quem ousa, cedo ou tarde verá coroados seus esforços e recompensada sua capacidade de ousar criativamente. É como se diz:

ÁGUAS PARADAS NÃO MOVEM MOINHOS.

Bem

Se você se antecipa e faz o bem sem que alguém o peça, estará bem perto de Deus, pois ele não espera que peçamos para nos atender. O mestre Jesus disse que Deus é Pai e sabe do que necessitamos antes mesmo que verbalizemos nossos desejos. Sigamos este conselho: "O sol não espera que lhe supliquem para derramar sua luz e seu calor. Imite-o, e faça todo o bem que você puder, sem esperar que o implorem".

Zezinho contava de um senhor de vida modesta que não celebrava o Natal sem antes enriquecer a mesa de uma família pobre. Não esperava o pobre bater à porta. Ele se antecipava, levando-lhe socorro material e alegria. É assim que age a providência divina – por meio de pessoas capazes de fazer o bem. Não se queixe com Deus, dizendo-lhe que nada faz para melhorar a vida de quem está sofrendo.

12 de novembro

Faça como o sol:
rompa gratuitamente a escuridão,
iluminando a vida com o bem.

Casa de Deus

13 de novembro

A religião nasceu com a humanidade, e desde o princípio buscou-se um lugar, um espaço sagrado para a divindade. A Bíblia narra o que Deus respondeu ao rei Davi quando este decidiu construir um templo ao Senhor. Deus disse que sempre andou no meio do povo e não precisava de uma casa para morar. A razão disso é esta: todo templo material é uma tentativa sutil de confinar ou manipular a divindade.

O rei Salomão construiu o templo de Jerusalém, mas no dia da inauguração reconheceu que se Deus não cabe nos céus, muito menos numa construção de pedra. Onde, pois, está a casa do Senhor? Alguém declarou com grande acerto: "Deus habita em todo homem bom".

O mestre Jesus disse que se alguém o ama, ele e o Pai virão estabelecer nessa pessoa a própria moradia. A encarnação de Jesus no seio de Maria é um fato único e irrepetível, mas de certo modo se concretiza em cada pessoa capaz de amar.

Caridade

"A caridade começa por nós, e na maioria das vezes termina onde começa." Essa afirmação revela que conseguimos ser caridosos quando a caridade é um valor que temos em nosso interior e permitimos que transborde para os outros. Quando isso acontece, não tenhamos dúvidas: ela retorna para nós, enriquecendo-nos e fazendo transbordar mais.

Assim, ser caridoso é investir em si próprio, beneficiar a si próprio, sem falar do Deus que a tudo está presente. Não é caridade aquela que fazemos para nos desembaraçar de um incômodo, pois o gesto não nos enriquece.

Alguém declarou: "Você é realmente caridoso quando dá; e, enquanto dá, vire o rosto para o outro lado, para não ver o constrangimento de quem recebe". Dar algo a quem não tem nada não pode se tornar gesto de ostentação, poder ou posse.

A CARIDADE QUE HUMILHA QUEM RECEBE
E ENSOBERBECE QUEM DÁ NÃO É AUTÊNTICA.

14 de novembro

Consolação

15 de novembro

Os italianos dizem que o mal comum já é meia alegria. Nós costumamos dizer que nos consolamos quando vemos alguém pior do que nós. Consolar-se e saber consolar é um item importante na bagagem da vida.

O apóstolo Paulo, apesar das tribulações, tinha sempre uma palavra de consolo para os outros. O mestre Jesus, a caminho do calvário com a cruz, consolava as mulheres que choravam. É dom fazer-se ombro amigo para quem necessita de consolação.

Não perca a oportunidade de ser bálsamo que cura as feridas dos outros. E quando chegar a sua vez, não deixe de buscar consolação. Alguém aconselhou: "Quando você cambalear ao peso da dor, quando seus olhos não tiverem mais lágrimas, pense nos campos de verdura que brilham depois da chuva".

QUANDO O ESPLENDOR DO DIA O ABORRECER,
QUANDO VOCÊ DESEJAR QUE UMA NOITE
ETERNA DESÇA SOBRE O MUNDO,
PENSE NO DESPERTAR DE UMA CRIANÇA!

Preocupações

Um filósofo do tempo de Jesus dizia que o segredo da felicidade é deixarmos de nos preocupar com aquilo que ultrapassa nossa capacidade de compreender ou de agir.

De fato, a origem de muitos males chama-se excesso de preocupação. Se nos preocuparmos excessivamente resolvesse nossos problemas, já teríamos pronta a solução. Mas não resolve. Penso que isso não signifique passividade ou entregar os pontos. Parece-me atitude sadia, sadio realismo que nos permite viver e respirar um pouco de sossego. Não foi o mestre Jesus quem disse que não crescemos sequer um centímetro às custas de tanta preocupação? Pois é. Se não conseguimos crescer, conseguimos diminuir: encurtamos a vida, prejudicamos a saúde, perdemos o otimismo e os amigos, e arriscamos perder também o gosto pela vida. Não se preocupe além da medida. A vida não é feita só de preocupações. Cada dia tem sua dose exata de felicidade.

16 de novembro

Corajosos

17 de novembro

"Com a cara e a coragem" muitos deram a volta por cima. A coragem desperta em nós forças e saídas que nunca imaginamos ter. Na Bíblia, encontramos muitos personagens que receberam missão difícil e sentiram o peso da responsabilidade e o temor de não dar conta da tarefa. No entanto, o próprio Deus – ou alguém por ele – encoraja com estas palavras: "Não tenha medo!".

Isso significa que Deus aposta em nós todas as suas fichas, crê em nós mais do que cada pessoa crê em si mesma. Ele vê em nós coisas e potencialidades que nós próprios não vemos. Cabe a cada um despertar dentro de si essas energias e fazê-las gerar mais vida. A pessoa corajosa, contudo, não abandona o bom senso, como disse alguém: "É corajoso aquele que teme o que se deve temer, e não teme o que não se deve temer".

Descubra as potencialidades
que latejam dentro de você
e, com coragem, vá à luta.

Cortesia

18 de novembro

"Por cortesia", pedia-se antigamente quando alguém precisava de um favor. A palavra vem de "corte", onde morava a nobreza e – supunha-se – que era caracterizada por gestos dignos desse nome. Oposta à corte, havia a plebe, que se acreditava que fosse incapaz de gestos e palavras corteses.

A nobreza de caráter e de comportamento não depende de uma corte ou palácio, mas sim da educação que recebemos. A cortesia se manifesta hoje no trânsito, nas repartições públicas, nas filas, nos *shoppings* e supermercados, nas igrejas... ou não se manifesta. Ela é importante sempre, pois faz com que a pessoa demonstre por fora o que é por dentro. Um sábio oriental afirmava: "Usando de boas palavras e modos corteses, podemos conduzir um elefante com um fio de cabelo". É a cortesia dominando a força bruta.

Forte não é o truculento descortês, mas aquele que demonstra força na fragilidade da cortesia.

Ser dignos

19 de novembro

Na vida, devemos contar com perdas inesperadas. Mas nenhuma perda é mais desastrosa do que a da dignidade. Os políticos falam de decoro parlamentar. Perdê-lo é perder a dignidade. Diante dessa perda, as riquezas acumuladas ou o poder são lixo.

Dignidade não depende de cartão de crédito, de roupas de grife, de carros importados ou mansões, de helicópteros ou jatinhos particulares. Você pode perder tudo, sacrificar as coisas mais preciosas, mas não pode perder ou sacrificar a própria dignidade.

No evangelho de Lucas, o mestre Jesus contou a história de um rico excêntrico que vestia roupas importadas e dava banquetes diários. À porta de sua casa, jazia o pobre Lázaro, faminto e coberto de feridas. Você lembra qual dos dois conservou a dignidade? Como disse alguém:

Há sentimentos grandes, ternos, inefáveis,
pelos quais tudo se pode sacrificar,
porém nunca é lícito
sacrificar a dignidade.

Autocontrole

Quem é o homem mais poderoso? Para um filósofo latino, "o homem mais poderoso é o que se faz dono de si mesmo". O que é uma pessoa livre? Para um filósofo e matemático grego, "não é livre aquele que não obteve domínio sobre si próprio". Qual é a maior das vitórias? Para outro filósofo grego, "a conquista de si próprio é a maior das vitórias".

O autodomínio se impõe à conquista do espaço e a toda tecnologia. Quem o possui cria facilmente laços de amizade; quem não o possui, faz inimigos a todo instante, fazendo-se inimigo de si próprio.

Ao criar a humanidade, Deus lhe disse para crescer e se multiplicar, encher a terra e dominá-la. Mal sabia o ser humano que seu principal desafio seria dominar a si mesmo. O homem que revolucionou o mundo – o mestre Jesus – afirmou ser manso e humilde de coração. Moisés, outro personagem bíblico, foi chamado de "o mais humilde de todos os homens".

20 de novembro

Sal da alma

21 de novembro

Agostinho de Hipona disse que "o entusiasmo é o sal da alma". Entusiasmo vem do grego (*enthousiasmós*) e significa "ser inspirado pela divindade, ser transportado para fora de si", numa espécie de arrebatamento ou êxtase. A pessoa entusiasta, portanto, tem algo de divino dentro de si, em sua alma, algo que confere vida e sabor.

Zezinho contava de quando seu pai completou 80 anos. Desejoso de mais vida, pedia a Deus uma prorrogação de 20 anos. O entusiasmo nos faz levantar da cama dispostos, nos torna criativos e nos dá a capacidade de fazer com sentido novo as mesmas coisas que fazemos há anos. Há algo de divino no entusiasmo humano. Com ele, somos transportados para fora de nós mesmos, criamos asas, voamos alto como águias, proporcionando-nos uma visão diferente daquela que costumamos ter de nossa realidade. Ele não depende da idade que temos, pois é sempre jovem.

O que falta?

Excesso de mimos em crianças revela a ausência de algo importante; excesso de presentes acusa a falta de algo. Conforme a sabedoria judaica: "Onde há demais, algo está faltando". O que falta em quem tem demais? Não estaria faltando o essencial? Por que poucos têm em demasia e muitos não têm nada?

Quem faz da posse seu objetivo na vida se torna insaciável, querendo sempre mais. E buscando possuir sempre mais, vai se esvaziando sempre mais. Aquilo que pensamos poder nos preencher e completar, na verdade nos enche de vazio. Foi o que insinuou o mestre Jesus no episódio do homem rico.

As posses inflam o ser das pessoas, impedindo-as de entrar pela porta estreita. De nada adiantou o mestre olhar para ele com amor, pois as posses haviam preenchido todos os espaços da vida daquela pessoa, e somente o amor teria sido capaz de novo conteúdo e sentido para a vida.

22 de novembro

Coisas essenciais

23 de novembro

A vida nos educa e ensina a ser seletivos. Quando crianças, acumulamos brinquedos; na adolescência, os brinquedos já não nos atraem, e juntamos outras coisas; na juventude, desprezamos as coisas acumuladas na adolescência; na idade adulta, jogamos fora o que considerávamos essencial na juventude. A vida, pois, é um treino para chegar ao essencial.

Quem entra na segunda metade da vida sem se dar conta disso acaba bancando o adolescente de cabelos brancos. É sinal de maturidade e sabedoria ser mais seletivo na fase adulta, valorizando apenas o essencial. E as outras coisas? Elas vêm por acréscimo, conforme diz a sabedoria judaica: "Havendo pão, sempre se acha a faca". Foi exatamente isso que disse o mestre Jesus a seus seguidores:

> BUSQUEM EM PRIMEIRO LUGAR
> O REINO DE DEUS E A SUA JUSTIÇA,
> E AS OUTRAS COISAS VIRÃO POR ACRÉSCIMO.
> SE FALTA O PÃO, PARA QUE SERVE A FACA?

Soluções

Diz a sabedoria judaica: "Deus manda a cura antes da doença". Onde, então, está ela? Se as pessoas acreditassem nisso não desesperariam nem se fechariam por causa das doenças ou problemas que a vida apresenta.

A maioria dos nossos problemas tem solução, a maioria de nossas perguntas tem resposta, e tudo isso se encontra no profundo do ser de cada pessoa. Deus manda a cura antes da doença, mas a escondeu muito bem.

Se não tivermos aquele olhar que faz a diferença, não a enxergaremos, vendo apenas o mal. Se não viajarmos para nosso interior, ao mais profundo de nossa alma, não a encontraremos, pois Deus sabe que muita gente não gosta de fazer essa viagem. Ele não fez isso por maldade, mas por nos querer bem de modo único e insuperável. Quem descobre esse caminho lhe será eternamente grato.

24 de novembro

NÃO BUSQUE LONGE DE VOCÊ
A SOLUÇÃO PARA SEUS PROBLEMAS,
PORQUE ELA PODE ESTAR DENTRO DE VOCÊ.

Educação

25 de novembro

Dizem por aí que alguns pais discutiam entre si a respeito da melhor herança a ser deixada aos filhos. O primeiro disse que legaria ao descendente todo o seu poder; outro garantiu que seu filho herdaria toda a sua riqueza; o terceiro deixaria seus bens imóveis. O quarto era pobre e, como não tivesse poder, riqueza ou bens, deixou ao filho esmerada educação baseada em valores humanos.

Anos depois, o filho que recebera o poder, na ânsia de ter mais poder, fez alianças perigosas com outros poderosos, mas acabou vítima da lógica do poder: para tê-lo sempre mais, mata-se e morre-se. O segundo, tendo herdado muita riqueza, pensou que a vida estava garantida, mas perdeu-a pela imprudência no trânsito: seu carro importado não o salvou. O terceiro não soube administrar os bens herdados, e perdeu tudo, também a vida. Aquele que foi educado com base nos valores humanos prosperou, tornou-se cidadão exemplar e feliz.

Ilustres

Ilustre vem do latim (*illustris*) e significa "resplandecente, brilhante, cheio de luz". Com o tempo, a palavra passou a designar a nobreza, as elites que se vestem e se apresentam bem, brilhando. Nesse sentido é que alguém declarou: "Nem todas as pessoas podem ser ilustres, mas todas podem ser boas".

Nós podemos afirmar que toda pessoa que pratica o bem é ilustre, resplandecente e cheia de luz. O mestre Jesus disse que nós somos a luz do mundo e que a escuridão da noite não consegue ocultar uma cidade em cima da serra. Disse também que nossas boas ações devem brilhar e servir de guia aos outros para que Deus seja glorificado.

Desperte a luz que há em você, fazendo o bem. Torne-se ilustre, pessoa resplandecente, brilhante e cheia de luz pela prática da justiça, da solidariedade e da verdade. O apóstolo Paulo disse que somos filhos da luz.

> Não deixe as trevas
> tomarem conta de você.

26 de novembro

Blecaute

27 de novembro

Quem não tem medo de um apagão em nossas metrópoles? Nas vilas, isso pode até proporcionar uma noite diferente, com gostoso bate-papo com a vizinhança, sem novelas. Mas nas cidades o blecaute é um desastre completo. Nada funciona, e os perigos rondam nossas casas.

Pior que esse apagão, só o apagão pessoal, quando tudo em nossa vida já não funciona. Aí vem a depressão e os terríveis efeitos: perda do otimismo, da vontade de viver e da auto-estima, surgimento de pensamentos negativos e de autodestruição, tristeza profunda e tantas outras coisas.

O que fazer? Além da ajuda profissional e da presença de pessoas positivas, é de grande ajuda a fé. "Jesus é o médico dos médicos e o maior terapeuta", garantem muitos. Saber que Deus nos quer sadios favorece a busca de ajuda naquela misteriosa reserva de energias que temos no fundo da alma. Querermos sair dessa situação já é acender uma luz.

Vacine-se

Graças à persistência de pesquisadores, criam-se vacinas contra males destruidores. Esses pesquisadores são a versão moderna dos milagres que a seu tempo fazia o mestre Jesus. Graças às campanhas de vacinação em massa, milhões de vidas humanas são salvas a cada ano no mundo inteiro e moléstias são erradicadas. Para viver bem, com sentido, não basta vacinar-se no posto de saúde. É aconselhável tomar uma vacina a cada manhã ou toda vez que surgir algum sintoma.

Vacine-se contra o mau humor, a amargura, o pessimismo, a crítica destrutiva, a fofoca, o contágio de pessoas negativas e o baixo astral. Tome um banho de otimismo, alimente-se de coisas positivas, não permitindo que esse dia – único e irrepetível – se perca. Ponha um brilho no olhar e um sorriso nos lábios para que sua vontade de viver, e viver com qualidade, se espalhe e contagie o maior número de pessoas.

E tenha um bom dia!

28 de novembro

Virtude

29 de novembro

Virtude vem do latim (*virtus*) e significa "vigor, valor, capacidade, perfeição moral". Sabemos se uma pessoa é virtuosa examinando sua conduta. O mestre Jesus afirmou que se conhece a árvore pelos frutos. Onde há vício a virtude não habita.

Um sábio oriental a considerava a coisa mais importante no ser humano: "A virtude é mais necessária ao homem do que a água e o fogo. Já vi homens perecerem ao encontro da água e do fogo, mas nunca vi alguém perecer por andar no caminho da virtude". E qual é esse caminho? É o do bem, da paz, da solidariedade, da verdade e da justiça.

Quem pratica a virtude não tem do que se arrepender, pois ela o enobrece a cada instante, ao passo que seu adversário – o vício – degrada sempre mais o ser humano, desumanizando-o.

Virtude não nasce com a gente;
é resultado de semeadura de pessoas
virtuosas que, antes de nós, acreditaram
e apostaram na força do bem.

O bolo

O bolo é uma excelente metáfora da vida. Você já experimentou tomar óleo ou comer colheradas de manteiga? Já provou comer ovos crus ou farinha de trigo? Certamente você não iria comer fermento, não é mesmo? Tomados separadamente, os ingredientes do bolo são quase todos impossíveis de ser ingeridos. Juntos, um cedendo ao outro suas propriedades, misturados, compõem delicioso bolo.

O mesmo acontece com nosso viver. Há momentos ou situações tão desagradáveis, que nos deixam perplexos, sem que descubramos seu sentido ou serventia. Se avaliarmos a vida somente a partir desses fatos, ela poderá parecer um absurdo. Mas se conseguirmos misturar os fatos – como os ingredientes do bolo –, e ler os amargos à luz dos agradáveis, perceberemos que também as situações adversas têm seu lugar, fazem sentido e ajudam a compor "o bolo" da vida. Por isso:

Não desespere e olhe a vida no seu conjunto, não apenas sob um só ângulo.

30 de novembro

Festas

1º de dezembro

A rotina é como cupim: às escondidas, vai corroendo vidas e relacionamentos. O seu antídoto se chama festa, criatividade, surpresa. São essas coisas que fazem a diferença e não permitem que um dia seja exatamente como o outro.

Quando sua vida ou relacionamento estiverem caindo na rotina, faça festa, invente algo, presenteie alguém ou a si próprio. Um prato diferente, uma surpresa agradável, um presente inesperado e tantos outros gestos podem fazer de um dia comum uma data memorável.

O povo da Bíblia fazia festa, e elas duravam uma semana. O mestre Jesus gostava delas, a ponto de ser acusado de comilão e beberrão. Não recusou convites a casamento e banquetes. Certamente, cabe a nós ensinar que viver é festejar e festejar é viver. As festas são o tempero que dá gosto aos dias ameaçados pela rotina.

A VIDA SE TORNA DIFERENTE
QUANDO FESTEJAMOS E, COMEMORANDO,
DESCOBRIMOS QUE VALE A PENA VIVER.

Cobranças

Cobranças fazem parte da vida, mas o excesso delas é prejudicial: pais cobram dos filhos, e vice-versa; marido cobra da esposa, e vice-versa; patrão, do empregado; professor, dos alunos... Todavia, essas cobranças são nada diante do que a vida e o tempo nos cobram por causa das escolhas erradas que fizemos.

A vida e o tempo passam inexoráveis, e lá na frente nos esperam os frutos do que semeamos cá atrás. É muito difícil fazermos sempre escolhas acertadas, e aprendemos muito também com os erros, mas nao é possível nos furtarmos às conseqüências ou cobranças.

Por que, por exemplo, há tantas pessoas enfartadas? Simplesmente por causa de um histórico familiar favorável? Por que tantos jovens vítimas da violência urbana? Por que tantas vítimas no trânsito e nas estradas? Em muitos casos, o arrependimento chega quando não há mais remédio.

Nas escolhas que fizer,
tente imaginar como seria o futuro.

2 de dezembro

Desembaraçar-se

3 de dezembro

Você já deve ter visto um porco-espinho. Quem é da roça sabe que esse animal tem sua defesa nos espinhos. Os cães imprudentes enchem a boca e a cabeça com eles, e dizem os entendidos que esses espinhos caminham no corpo das vítimas, causando-lhes graves danos.

Quando criança, Zezinho gostava de brincar com ímãs. Um ímã atrai grande quantidade de limalhas e, com uma dose de imaginação, pode-se ver nele algo semelhante ao porco-espinho.

Há pessoas cujas atitudes se parecem com as desses exemplos. Algumas são tão negativas, que espalham espinhos e ferem todo mundo; outras se envolvem tanto em problemas, que acabam virando um ouriço. É muito difícil conviver com pessoas assim. Na medida do possível, desembarace-se de problemas – seus e dos outros – para que sua vida não se pareça a um ouriço. Relativizar os problemas pode ajudar nessas ocasiões. Liberte-se!

Antecipar-se

Você está precisando mudar seu relacionamento com alguém que não vai com sua cara? Tente antecipar-se em fazer o bem. Ou seja, faça um gesto de carinho para com essa pessoa. Fazer desinteressadamente o bem costuma desfazer nós aparentemente impossíveis de serem desatados.

O mestre Jesus deixou-nos a regra de ouro: "Tudo aquilo que você deseja que os outros lhe façam faça primeiro a eles". E garantiu que essa regra é o resumo de toda a primeira parte da Bíblia, o Antigo Testamento.

A regra de ouro nos ensina a ir ao ataque, e não nos fecharmos na defesa, retrancados. Tomar a iniciativa de fazer o bem é duplamente vantajoso. Em primeiro lugar, ninguém dá o que não tem. Portanto, quem se antecipa em fazer o bem é porque o tem dentro de si. Depois, quando alguém recebe o bem, costuma retribuir, e também nesse aspecto nos sentiremos gratificados.

Como é bom ser bom e fazer o bem!

4 de dezembro

Colaborar

5 de dezembro

Colaborar vem do latim *collaborare*; significa "trabalhar juntos". Zezinho, quando pequeno, ouviu dos pais esta história: Havia uma aldeia de poucas famílias, e o único acesso a ela era por um rio.

Um habitante de lá, percebendo que todos tinham em casa tábuas e caibros, teve a idéia de unir todas as famílias para, com as madeiras de todos, construir uma ponte. Mas ninguém lhe deu crédito e, pior ainda, ninguém cedeu sua madeira. Uns disseram que iriam precisar dela mais adiante, outros afirmaram que nunca o rio transbordaria tanto a ponto de submergir a aldeia.

Assim, a ponte não passou de idéia. No tempo das chuvas, caiu uma tempestade tal, que jamais se viu. O rio transbordou, tornou-se violento e submergiu a aldeia. Ninguém se salvou.

Às vezes, o trabalhar juntos é decisivo:
ou colaboramos e nos salvamos todos,
ou deixamos de colaborar
e nos perdemos todos.

Pátria

Uma das mais amargas experiências é ser tratado mal, com desprezo, numa terra que não é a nossa. E uma das mais gratificantes experiências é sentir-se amado e valorizado num país que não é o nosso. Pátria não é apenas a terra que nos viu nascer, mas sobretudo a que nos proporcionou viver com dignidade.

O mestre Jesus ensinou a romper as fronteiras estreitas de raça ou de língua, pois aonde ele fosse, sentia-se sempre em casa. Pátria é onde nos sentimos amados e podemos amar e construir nossa vida e história. Se assim não fosse, como explicar as levas de imigrantes ao longo da história?

Nosso país é uma síntese da humanidade. O oposto nem sempre é verdade. Os países ricos criam mil dificuldades e formas de repressão para refugiados políticos, prófugos da guerra e migrantes que não se resignaram a morrer de fome.

Um dia ouviremos do mestre Jesus:
"Eu era migrante e vocês
(não) me acolheram".

6 de dezembro

Carícias

7 de dezembro

Carícias fazem bem, muito bem. São uma das melhores terapias. Padrões comportamentais e educacionais preconceituosos privaram gerações inteiras desse benefício. De fato, sabe-se de pais, no passado, incapazes de acariciar os filhos. E, convenhamos, um pai incapaz de dar carinho é um pai ausente na vida dos filhos, sobretudo na formação do caráter, da personalidade e da afetividade.

O mestre Jesus foi muito carinhoso. Gostava de tocar e ser tocado por todos, embora a lei vetasse certos toques. Abraçava crianças e, na última ceia, o discípulo amado reclinou-se sobre o peito do mestre. O apóstolo Paulo, apresentado como homem austero, era na verdade muito terno. Na sua primeira carta, para expressar o carinho que sentia pelas pessoas, comparou-se à mãe que amamenta, aquece e acaricia sua criança.

Não deixe de fazer
e receber carícias e carinho.
Eles curam certas doenças
que os remédios não podem sanar.

Vencer

Todos são chamados a vencer no jogo da vida, mas vencer sem derrotar os outros, pois quando dois brigam, nenhum tem razão, e a vitória de um tem sabor de derrota. No jogo da vida, os adversários a serem vencidos não são pessoas, mas preconceitos, exclusões, discriminações, falta de oportunidades iguais para todos.

Quando o analfabetismo e as doenças forem extirpados, seremos todos vencedores; e enquanto isso não acontecer, a luta continua, pois a meta a ser atingida é a cidadania. No jogo da vida, o mestre Jesus é exemplo ímpar, pois venceu o maior inimigo, a morte, sem destruir os que a patrocinaram.

Nunca abra mão de sua vocação para vencer, nem delegue a outros o jogo da vida que é somente seu. No fim de sua vida, o apóstolo Paulo dizia ter combatido o bom combate e ter concluído a própria carreira, à espera do prêmio.

A VIDA PREMIA QUEM NÃO FOGE DO JOGO DA VIDA E JOGA PRA VENCER.

8 de dezembro

Irrepetíveis

9 de dezembro

São poucos – porém essenciais – os momentos irrepetíveis da vida. A raridade ressalta-lhes a importância. Entre eles, estão os extremos da existência: o nascer e o morrer, a entrada e a saída do palco do mundo. De certo modo, todos os outros momentos repetíveis e corrigíveis são decorrência do entrar em campo e da preparação para a saída.

Para o primeiro momento não fomos consultados. Simplesmente chegamos à porta e alguém nos deixou passar. Que sorte não termos sido barrados à entrada do jogo da vida! A saída, contudo, depende exclusivamente de cada pessoa. É uma experiência que não se repete e, portanto, deve haver preparação para uma saída digna. Nem sequer podemos escolher o momento ou o modo de sair. Há uma ordem superior à qual obedeceremos. Mas em grande parte o modo como se sai de cena depende de cada um, de como aproveitou o tempo entre o entrar e o sair.

QUEM BEM VIVE BEM MORRE.

Fragmentos de tempo

Entre os dois extremos da vida – nascer e morrer, chegar e partir –, decorre o tempo, um dos grandes dons que Deus concedeu para todos, depois da vida. O tempo é um grande espaço vazio que cada um recebe e vai preenchendo com coisas que considera importantes.

Quando a vontade soberana disser que o tempo se esgotou, é sinal de que o espaço concedido a cada pessoa está preenchido. Há quem o preencha com raridades, e outros com quinquilharias. E há os que simplesmente não o preenchem.

A vontade soberana, no fim, aquilatará como as pessoas agiram para transformar o fugidio tempo presente em um que durará para sempre. Entre os irrepetíveis extremos da vida, encontram-se fragmentos de tempo que compõem nossa existência.

A VIDA É FEITA DE FRAGMENTOS DE TEMPO.
JUNTOS, COMPÕEM NOSSA IMAGEM,
O MOSAICO DE NOSSA EXISTÊNCIA.

10 de dezembro

Deixar viver

11 de dezembro

"Viva e deixe viver", aconselha a sabedoria popular. Essa mesma sabedoria confessa que "Deus deu uma vida para todos a fim de que cada um cuide da sua". De fato, o primeiro dom comum a todos é a vida, e o mestre Jesus afirmou ter vindo ao mundo para que todos tenham vida abundante.

Infelizmente há quem deseje a vida abundante só para si, como se fosse possível ser feliz sozinho, e outros que almejam viver, mas não permitem a outros aquilo a que têm direito. Vivem, mas não deixam viver.

Se a vida para todos fosse o valor máximo da humanidade, todos poderiam ser considerados seguidores do mestre Jesus, mesmo sem querer professá-lo publicamente. A vida para todos é a síntese de tudo o que ele disse e fez e também o melhor resumo de toda a Bíblia.

Queira viver bem, com qualidade de vida.
Mas deseje isso a todos, contribuindo
a seu modo para que a vida
não falte a ninguém.

Irmãos

Há uma fraternidade que em muito supera os laços de sangue e o útero comum: é a comunhão de sentimentos, a partilha da vida, a solidariedade superior às classes.

O apóstolo Paulo fundava comunidades heterogêneas e confiava-lhes a vivência de um princípio maior: "Não há mais diferença de raça, de condição social ou de gênero, porque vocês todos são uma coisa só em Cristo Jesus". E ensinou os membros de suas comunidades a se tratarem de "irmãos", superando as barreiras da diversidade, das raças, das classes sociais etc.

Foi ele quem criou o costume de chamar de "irmão" e tratar como tal um membro da mesma comunidade. Penso que é hora de resgatar a sacralidade dessa palavra, olhando no rosto de cada pessoa e chamando-a de "irmão".

De fato, a humanidade inteira ainda não descobriu que sua vocação é tornar-se uma grande família, uma grande casa de irmãos, com um único Pai.

12 de dezembro

"Incomprável"

13 de dezembro

Conta-se que um rei sábio pôs à venda as coisas mais sagradas que tinha. No último dia – o mais esperado –, não revelou o material mais importante que estava à venda. Simplesmente garantia ser o valor mais sagrado. E começaram as propostas. O homem mais rico do lugar ofereceu todos os seus bens para consegui-lo. O mais poderoso da região estava disposto a desfazer-se de todo o seu poder. A pessoa mais sábia prometeu dar toda a sua sabedoria.

Assim, todos prometeram sacrificar tudo para comprar o misterioso valor do rei. Somente um homem pobre não se manifestou, por não crer que pudesse obtê-lo. Vendo-o, o rei perguntou-lhe por que não fizera uma proposta. "Não tenho nada a oferecer em troca. Apenas me comprometo cuidar dele com carinho", disse. "Pois bem" – declarou o sábio rei –, "ele é o vencedor. Pois o valor mais sagrado de minha vida se chama amor, e amor não se compra".

Cumplicidade

Não há como ser amigo sem, de certa forma, ser cúmplice. Já dizia um provérbio português: "Defeitos do meu amigo, lamento mas não maldigo". Amigos são duas pessoas que reciprocamente abrem o próprio livro da vida, os segredos e mistérios da alma, sem receio de vazamentos, pois isso seria o fim de uma amizade.

Há cumplicidade somente no bem, pois o que é cúmplice no mal não compreendeu a importância e o significado da amizade. A cumplicidade gera confiança e fortalece as relações. Segredo de amigo é segredo de confissão, e é melhor ser cúmplice do amigo do que do seu inimigo.

Nenhum amigo é perfeito, mas não maldizer nem revelar os defeitos do amigo é sinal de amizade quase perfeita. O mestre Jesus gostava muito de Judas, o apóstolo traidor, a ponto de lhe dar o bocado passado no molho como gesto de preferência. Lamentou seus defeitos, mas não o expôs ao ridículo.

14 de dezembro

Saúde e liberdade

15 de dezembro

Só conhece o que é saúde quem já provou a doença. Só estima com exatidão a importância da liberdade quem de alguma forma a perdeu. É por isso que um provérbio português declara: "Quem tem saúde e liberdade é rico e não sabe".

A liberdade é um dos grandes bens que Deus concedeu às pessoas. O escravo-líder Espártaco afirmava não temer a morte, por ser a única possibilidade vislumbrada de se tornar livre. Por isso comandou um exército de escravos que sonhavam com a liberdade.

O mestre Jesus, em sua vida terrena, combateu incessantemente combate as doenças e as possessões demoníacas. As primeiras provocam a perda da saúde; as outras geram a perda da liberdade, pois a possessão não permite que a pessoa seja ela mesma, sujeito de sua própria vontade e ações.

Cuide bem de sua saúde e não permita negociar, vender ou perder a liberdade, pois o que Deus mais deseja é que tenhamos liberdade e vida.

Ecologia

Valorizar a ecologia é o jeito certo de amar e preservar a vida. A natureza, quando agredida, nos devolve em dobro as agressões que lhe causamos. Lesá-la é prejudicar-nos, preservá-la é trabalhar para o nosso bem e o de quem virá.

A natureza conspira conosco para o bem ou para o mal. Se lhe fazemos o bem, ela nos favorece; se a prejudicamos, ela nos envenena com a mesma intensidade. Muitas catástrofes naturais – quase todas – são provocadas pela insensatez do ser humano.

Quando criou todas as coisas, Deus constituiu o ser humano como coroa da criação, dotado de inteligência e vontade, para que cuidasse da casa – o mundo. Mas o ser humano revelou-se mais insensato que os próprios animais, pois com sua inteligência constrói a própria destruição. A palavra "ecologia" contém o termo grego *oikos* (casa).

Ser a favor da ecologia
não é excentricidade,
mas zelo pela própria casa, o mundo.

Violetas

17 de dezembro

Elas se situam entre as flores mais simples e pequenas. Um grande orador do passado fez delas exemplo de humildade: são belas, mas não se ostentam; são pequenas e não se lamentam. Quem ganha em formosura: um ipê florido, visto do alto pelos que viajam em aviões, ou as violetas que passam despercebidas ao simples caminhante distraído?

"Tamanho não é documento", costumamos dizer, e as singelas violetas nada devem aos majestosos ipês. Além disso, elas florescem mais freqüentemente, suas flores duram muito mais e são dadas como presentes de quem gosta de flores para quem ama flores.

Também não é bom compará-las com a rosa, a rainha das flores. Ela é mais apreciada que as violetas, mas dura poucas horas, porque entra em nossas casas sem raízes para embelezar arranjos que duram poucos dias.

SE A VIDA FEZ DE VOCÊ UMA VIOLETA,
DÊ GRAÇAS A DEUS PELO
QUE É E PELO QUE REPRESENTA.

Dar de si

Conta-se que uma árvore, majestosa e altaneira, não permitia partilhar nada com ninguém. Seu tronco era limpo, sem musgos ou liquens, e seus ramos não eram povoados por aquelas intrusas parasitas.

Certa ocasião, porém, algo estranho foi aparecendo nos galhos e tronco. Ela fez de tudo para livrar-se dos inoportunos inquilinos, mas em vão. Aos poucos foram aparecendo folhas, raízes que a abraçavam, uma porção de moradores que tomaram conta da árvore.

A princípio, pensou que morreria. Com o tempo, contudo, foi-se acostumando à idéia de ter de partilhar a vida com alguém. Passado o inverno, veio a recompensa: seu tronco e ramos estavam repletos de flores – orquídeas silvestres e muitas, muitas bromélias. A árvore tornou-se ponto de atração para muita gente, e os ecologistas redobraram os cuidados para que esse espetáculo de vida não se perdesse.

18 de dezembro

> QUEM SE DOA RECEBE
> MAIS DE QUANTO DEU.

Cair na real

19 de dezembro

Zezinho relatava uma história que sua mãe lhe contou. Certa mulher ia ao armazém vender três dúzias de ovos, que carregava numa cesta equilibrada na cabeça. E fazia cálculos: "Com esses ovos, vou comprar mais galinhas e vender mais ovos, até conseguir comprar uma leitoa, que criará leitõezinhos... Com eles, vou conseguir comprar uma vaquinha, que dará crias e leite para comprar um carro... Vou me transformar numa grande comerciante, comprar roupas chiques, viajar ao exterior, tornar-me uma grande dama da sociedade... Ao passar por mim, todos curvarão a cabeça para saudar...".

Assim pensando, imitou o gesto que esperava das pessoas, e o que se viu foi uma omelete de três dúzias de ovos na poeira da estrada. Sonhar não faz mal, nem é proibido. Se essa senhora tivesse omitido o último detalhe, talvez conseguisse alcançar seu objetivo. Faltou-lhe humildade e, sobretudo, ter os pés no chão.

Poda

Há pessoas que se consideram podadas por Deus, como se ele tivesse prazer em causar sofrimento. O sofrimento não vem de Deus, e ele não nos poda. O agricultor e o jardineiro jamais pensaram em fazer as árvores ou flores sofrer, podando-as. A poda pode ser considerada um gesto de amor: sem ela, a roseira e a videira, em pouco tempo, deixam de produzir e morrem. É condição para continuar vivendo com qualidade de vida.

O jardineiro e o agricultor, ao podarem, não pensam naquilo que estão tirando das plantas, e sim no que lhes estão proporcionando. Não pensam fazê-las sofrer ou morrer, mas permitir-lhes viver e produzir.

Em linguagem religiosa, poda representa a graça, o aditivo que Deus concede para que a pessoa seja mais para si e para os outros. A qualidade e a beleza das rosas e o sabor das uvas dependem da poda feita.

20 de dezembro

> PODA É ATO DE AMOR
> DO JARDINEIRO PARA COM A FLOR.

Cuidar da luta

21 de dezembro

"Vamos cuidar da vida", disse Zezinho certo dia ao despedir-se do jardineiro. E ele, na sua sabedoria de jardineiro, corrigiu: "Cuidar da vida, não. Vamos cuidar da luta, porque da vida cuida Deus". Sabedoria de quem contempla Deus na beleza das flores. De fato, o mestre Jesus disse certa ocasião que Deus cuida dos pássaros e das flores de modo exemplar.

O rei Salomão, com todo o seu aparato real, não conseguiu rivalizar a beleza com que Deus veste as flores silvestres, que crescem sem que ninguém as plante ou regue. Disse ainda o Mestre que nenhum pardal cai no chão sem que o Criador se dê conta. Se ele, que é a origem de tudo, cuida com tanto zelo das coisas menores, como não cuidará de sua criatura preferida? O próprio Deus gostou tanto do ser humano que quis ser um como nós. Como, portanto, não cuidará da vida, ele que é seu autor e fonte? A nós cabe cuidar da luta, porque a vida ele a garante.

O desconhecido

O ser humano tem insaciável sede de conhecimento, por isso é o criador e propulsor das ciências. Quanto mais pesquisa, mais se amplia o horizonte a ser pesquisado. Avança no conhecimento e descobre que conhece menos acerca de tudo.

O conhecimento adquirido é cada vez mais desproporcional ao que está para ser descoberto, como o universo para o astrônomo, como Deus para o teólogo, como o ser humano para o antropólogo etc. Conhecer é uma tarefa que tem partida, mas não tem chegada.

Já o apóstolo Paulo se maravilhava e espantava ao mesmo tempo diante da profundidade do conhecimento de Deus – abismo insondável que nos ultrapassa sempre. Os atenienses do primeiro século da nossa era haviam construído um monumento ao "deus desconhecido", cientes de que o Todo não pode caber na soma de todas as parcialidades acerca dele. E você, quem é você para si próprio?

22 de dezembro

Curvas

23 de dezembro

As linhas paralelas vão ao infinito sem se tocar. As linhas curvas, ao contrário, têm inúmeras possibilidades de se tocar e cruzar. Assim pode acontecer com certas pessoas. Convivem lado a lado sem nunca se encontrar, tomam o mesmo ônibus, metrô ou elevador, moram no mesmo prédio, participam das reuniões de condomínio etc., mas nunca se cruzam.

Alguém disse que "estar só não é bom, mas conviver não é fácil". Por quê? Porque as pessoas podem se encontrar nas curvas que provocam mais desencontros do que encontros. Todavia, isso não deveria ser motivo de intimidação, rejeição ou fechamento. As linhas curvas são menos monótonas e possuem estética.

O Deus da Bíblia escolheu Israel como povo aliado não porque fosse o mais poderoso, numeroso ou portador de algo que superava os outros povos, mas por causa das "curvas", na esperança de um encontro bem-sucedido.

Noite de espera

Zezinho contava acerca da vigília de Natal de sua infância. Naquele tempo, não se falava de Papai Noel e suas renas, mas do Menino Jesus e de seu cavalinho. Na noite de Natal, ele passaria para premiar as crianças que se comportaram bem e se prepararam para a chegada dele.

A preparação consistia em duas etapas. A primeira era uma novena ao Menino Jesus, rezando a oração mais breve que as crianças sabiam – o glória-ao-pai. A segunda estava prevista para a noite de Natal e contemplava a montaria do Menino. As crianças deviam preparar um feixe de capim ou certa quantidade de milho debulhado para que o cavalinho portador de personagem tão importante pudesse refazer as energias.

O Natal do Zezinho ensinava as crianças a dar para receber, sem esquecer ninguém, nem o cavalinho. Hoje as coisas mudaram. Talvez seja por isso que o Natal é uma festa triste para muitos adultos e crianças.

24 de dezembro

O grande presente

25 de dezembro

No dia de Natal, a humanidade inteira recebe o maior de todos os presentes: o Filho de Deus se torna um de nós. Quis nascer em tudo igual a nós, provar nossas limitações e a alegria de amar, sonhar conosco um sonho bom.

Deus, presente em nosso meio, é o nosso maior presente. Nasceu quase anônimo, nem sabemos se foi nesse ou noutro dia. Recebeu visitas humildes – os pobres pastores que passavam noites ao relento e sem dormir, a fim de vigiar as poucas ovelhas que possuíam.

O esperado das nações chegou, e sua entrada neste mundo é pela porta dos pobres mortais. Ele se contempla em nós, como num espelho; nós nos contemplamos nele e nos admiramos: o Deus que criou o ser humano à sua imagem e semelhança quis, por amor, fazer-se igual às suas criaturas. Com alegria incontida, podemos dizer aos anjos:

> NÓS FOMOS OS ESCOLHIDOS.
> ELE SE FEZ GENTE, SE FEZ CARNE,
> É UM DOS NOSSOS.

Rebeldia

26 de dezembro

Será verdade que para ser bom é preciso uma dose – às vezes muitas – de rebeldia? Olhando a história e os personagens que fizeram história, constatamos que a resposta é positiva. Sim, para ser bom é preciso ser rebelde. Rebeldia que não dispensa a bondade. Rebeldia que não embrutece, mas enche de ternura.

O mestre Jesus foi um rebelde bom. Rebelou-se contra um tipo de religião que em nome de Deus explorava e excluía. Rebelou-se contra os poderosos que usavam o poder para tiranizar o povo. Rebelou-se contra a própria morte, matando-a com a ressurreição.

Seu maior intérprete, o apóstolo Paulo, também foi um rebelde bom e terno. Revoltou-se contra uma religião fechada, de raça, e contra uma visão de Deus marcada pelo pecado e não pela misericórdia e pela graça.

Se você deseja ser alguém na vida ou passar à história como pessoa boa, tenha sempre em sua bagagem um pouco da rebeldia de Jesus.

Faça sua parte

27 de dezembro

Conta-se que houve um incêndio na floresta. Imediatamente todos os animais trataram de se mobilizar para apagá-lo. O elefante, com a poderosa tromba, carregava grande quantidade de água. Lá no alto, pequenas aves velozes transportavam gotas no bico e as despejavam sobre as labaredas.

Orgulhoso de si, o elefante esnobou uma incansável andorinha, que, com o bico e as penas molhadas, mal conseguia carregar gotas: "Como você é ingênua", disse-lhe. "Acredita que conseguirá apagar o incêndio?", perguntou-lhe. "Se vou conseguir, não sei. Sei que estou fazendo a minha parte."

Fazer a própria parte é sentir-se co-responsável por tudo e por todos. Há coisas que não plantamos para nós, mas para a geração futura. Quem planta para os outros colhe para si na eternidade.

O IMPORTANTE É NÃO DEIXAR DE SEMEAR
SONHOS NA ESPERANÇA.
OUTROS SEMEARAM POR NÓS. POR QUE NÃO
FAZER NOSSA PARTE? NOSSO LUGAR É ÚNICO.

Artificial ou real?

Quantas vezes ao dia nos olhamos no espelho? Há pessoas que se olham com freqüência, mas não se vêem, ou seja, fazem de si próprias uma imagem artificial.

Olhar-se no espelho e ver-se é o melhor modo de cair na real e ter de si mesmo um conceito justo, acompanhado pelo desejo de viver bem os irrepetíveis instantes da vida.

Cabelos branqueando ou desaparecendo, rugas e flacidez... são convites a não desperdiçar a vida e o que ela tem de bom. Olhar-se no espelho sem se ver pode parecer interessante, mas seria como querer tapar o sol com a peneira, diríamos, enganar-nos com "milagrosos" cosméticos.

Cuidar do corpo é bom e importante, pois a pessoa se salva ou se perde com o corpo que tem. Mas o corpo não nos engana, pois traz em si as marcas do tempo e da caminhada que fizemos até agora.

A IMAGEM MAIS BELA DE UMA PESSOA
É SUA IMAGEM REAL,
SEM RETOQUES OU TRUQUES,
SIMPLESMENTE O QUE É.

28 de dezembro

Dizê-lo sempre

29 de dezembro

Se você pudesse reencontrar uma pessoa amada que partiu desta vida e tivesse que lhe dizer só uma frase, o que lhe diria? Eu certamente lhe diria: "Eu te amo". Por três vezes o mestre Jesus perguntou a Simão Pedro se o amava. Três vezes? Simão Pedro se chateou, porque havia negado o mestre três vezes. Não teriam bastado uma pergunta e uma resposta apenas?

Cada vez que dizemos "eu te amo", a força renovadora do amor se manifesta. Por isso é que devemos dizê-lo sempre, como se fosse a primeira vez. Quem se cansa de dizer à pessoa amada "eu te amo" deve perguntar-se se de fato está amando, pois o amor não cansa nem se cansa de amar, a cada dia com maior intensidade.

"Por que você me pergunta tantas vezes a mesma coisa? Você desconfia de mim? Você sabe que o amo." "Não pergunto por desconfiar. Pergunto para desafiar o amor a ser cada dia mais forte, mais forte que a própria palavra."

Navegar

Navegar é uma das mais inquietantes metáforas da vida. Foi a navegação que no passado fez dos portugueses – territorialmente pequenos – praticamente os donos do mundo. E foi um de seus poetas que disse que "navegar é preciso...".

Hoje navegamos pelo ciberespaço sem sair de casa. Navegar nos permite sentir que o mundo é uma aldeia – o ideal seria que fosse uma casa de irmãos. Navegar é viver, e viver é navegar.

A história registra grandes naufrágios, como o do Titanic. Mas pode-se afirmar com certeza que o maior naufrágio é o daquele que não se decide sair do porto, com medo de partir. Viver é navegar para além dos horizontes que a vista não alcança.

O apóstolo Paulo, vendo chegar o fim da vida, dizia ter combatido o bom combate e terminado a corrida. Mas tudo isso não era outra coisa senão soltar as velas para partir de novo.

Quando o corpo se cansa,
então é que o espírito voa e navega.

30 de dezembro

Corrida

31 de dezembro

A vida é uma maratona, uma corrida. Não em relação ao estressante corre-corre de todo dia, mas no sentido de um correr ininterrupto para alcançar objetivos, metas, sentido. Na corrida da vida, cada pessoa é atleta. Ninguém pode ficar de fora torcendo. Há que descer à pista e correr.

Nas competições do atletismo, poucos ganham o prêmio e sobem ao pódio. Na maratona da vida, todos são vencedores, desde que se disponham a correr. Não corre mais quem tem bom preparo físico, mas quem corre com sentido.

Um portador de deficiência física pode superar um grande atleta. Um cego pode enxergar melhor que todos. Na corrida da vida, não há lugar para derrotados. Só acaba derrotado quem desiste de correr. A pior derrota é não ter corrido. Esta vida é uma corrida, uma maratona. Nela, treinamos para a outra etapa, a etapa da vida que não se acaba. Lá perceberemos que valeu a pena descer à pista e correr.

Índice temático

A

A vida flui 20/7
Abnegação 10/11
Abnegados 30/8
Aconselhar-se 16/6
Acordar disposto 1/10
Afeto 20/8
Água 22/6
Alegria 19/2
Altruísmo 18/4
Amanhecer 25/7
Amar 29/8
Amar a vida 28/2
Amigos 31/3
Amistar 19/8
Amizade 25/2
Amor 5/3
Animais 22/4
Anjos 20/6
Antecipar-se 4/12

Aprender 21/5
Aprendizado 17/10
Artificial ou real? ... 28/12
Atenção 3/9
Autocontrole 20/11
Autodomínio 29/3
Auto-estima 7/6

B

Beleza conta? 15/6
Bem 12/11
Bem-humorado 27/8
Blecaute 27/11
Boa fama 8/5
Bom caráter 3/11
Bom senso 26/3
Bondade 22/2
Bons pensamentos .. 26/2
Brilho próprio 2/8
Brincar 21/7

C

Cair na real 19/12
Caminho 5/5
Cantar 23/7
Caráter 29/2
Carícias 7/12
Caridade 14/11
Carinho 30/4
Carisma 1/9
Carpe diem 7/11
Casa de Deus 13/11
Ceder 4/6
Centrado 2/4
Cheirosos 18/1
Ciúme resolve? 8/7
Clamor 6/5
Cobranças 2/12
Coerentes 5/2
Coerência 25/9
Coisas essenciais ... 23/11
Colaborar 5/12
Com justiça 30/6
Como escutar 3/6
Compadecer-se 21/8
Compaixão 16/4
Companhias 18/6
Complementaridade . 12/9
Compromisso 3/10
Confiança 24/2
Conhecer-se 2/1
Consciência 12/4
Consolação 15/11
Consolar 3/5
Construir 27/10
Consultar
   o travesseiro 6/7
Contentar-se 12/6
Conversão 11/10
Cooperação 7/9
Coração alegre 1/4
Coragem 7/10
Corajosos 17/11
Correção 29/4
Corrida 31/12
Cortesia 18/11
Cozinha 6/8
Criados livres 17/9
Crises 9/10
Cuidar da luta 21/12

Cuidar de si 14/5
Cumplicidade 14/12
Cura interior 28/5
Curvas 23/12

D

Dar de si 18/12
Dar razão 7/3
De onde vem
  o sorriso? 22/7
Decisão 24/1
Dedicação 25/1
Deixar viver 11/12
Delicadeza 25/10
Desarmar-se 9/9
Descobrir Deus 16/7
Desejar o bem 8/6
Desembaraçar-se 3/12
Destino 26/10
Devolução 1/8
Dignidade 9/6
Discernimento 2/6
Discrição 13/6
Disposição 2/10

Ditaduras 17/4
Diversidade 2/9
Dizê-lo sempre 29/12
Doação 18/2
Doar-se 18/7
Docilidade 21/2
Doçura 17/8
Doença 6/2
Doença que cura 18/3
Dormir bem 26/5
Dosagem certa 11/4

E

Ecologia 16/12
Ecumenismo 5/4
Educação 25/11
Educandos 1/7
Entardecer 26/7
Entendimento 4/9
Entesourar 9/8
Entusiasmo 3/2
Eqüidade 12/8
Equilíbrio 6/9
Errar é bom? 31/1

Erros 23/10

Escondidas 24/10

Escuta 1/3

Escutar 4/10

Esforço 14/10

Espalhar? 3/7

Espelho 31/5

Esperança 3/3

Eternidade 19/5

Expectativas 6/4

Experiência 29/10

F

Faça sua parte 27/12

Falar bem 27/2

Falar ou escutar? 5/11

Família 21/6

Fé 8/3

Feliz a sós? 17/7

Festas 1/12

Fidelidade 14/3

Filantropia 18/8

Flauta 14/7

Flexibilidade 4/2

Fortaleza 28/4

Fragmentos
de tempo 10/12

Franqueza 27/4

Fraternidade 30/3

Fraternidade
cósmica 8/11

Fugacidade 27/7

Futuro 1/11

G

Ganhar é ganhar? 7/2

Generosidade 19/4

Grandes coisas 6/11

Grandeza 22/10

Grandeza
do pequeno 8/1

Gratidão 26/1

Gratuidade 24/8

H

Harmonia 10/9

Herói 29/9

Honestidade 19/3

Honradez..................2/5
Horizontes 25/6
Hospitalidade 15/2
Humildade 25/8

I

Idolatria......................9/3
Iguais 20/10
Igualdade 10/5
Ilustres 26/11
"Incomprável" 13/12
Individualidade 11/9
Inimigos................... 11/3
Integração 8/4
Integridade..................2/2
Inteligência............... 20/9
Intimidade................14/4
Irmãos 12/12
Irrepetíveis 9/12

J

Jogo da vida............... 26/8
Justiça...................... 23/3

L

Lágrimas....................27/6
Lazer 11/7
Lealdade......................7/4
Leveza....................... 30/7
Líderes? 29/7
Limites 9/1
Língua 2/3
Livre!....................... 13/7
Lutar 11/8
Luz 17/5

M

Maduros.................... 26/9
Malabarismos........... 15/9
Maldição
  ou bênção?................5/8
Mansidão.................. 22/3
Maria 23/4
Maturidade 4/3
Medir palavras..........27/3
Meditar 20/4
Meio ambiente 15/3
Mente sadia............. 19/10

Milagres......................11/5
Misericórdia 13/10
Moderação 21/1
Modéstia.....................17/6
Morte.......................... 13/3
Mulheres................... 24/4
Mutirão da vida 4/8

N
Natureza.....................16/3
Navegar....................30/12
Nem só de bom 19/6
No coração do Pai 27/1
Nobreza...................... 28/3
Noite de espera 24/12
Noite escura...............16/5

O
"Obrigada, Mãe!" 22/5
O "eu": deus
  ou demônio? 1/6
O bolo.......................30/11
O desconhecido.....22/12
O grande presente. 25/12

O mais gostoso......... 11/1
O outro lado.............. 30/9
O pouco que
  é muito.................. 28/6
O que falta?............. 22/11
O que faltou? 27/9
O que procuramos? ...3/1
O vazio tem valor? 1/2
Olhar bom................ 10/1
Olhar para baixo 11/2
Olhar para cima....... 13/2
Olhar para dentro 9/2
Olhar para os lados. 10/2
Olhar para trás......... 12/2
Oração........................5/10
Ousar...................... 11/11

P
Paciência................... 10/3
Pagar o mal 13/5
Para ser feliz 19/9
Pára-brisa 14/9
Paraíso...................... 18/5
Partilha 9/5

Partir 4/1
Pátria 6/12
Pavonice resolve? 13/9
Paz 20/2
Pequenas grandes
   coisas 16/9
Pequenos passos 24/5
Perdas 9/4
Perder é perder? 8/2
Perder tempo 21/4
Perdoar faz bem 7/1
Permitir-se 9/7
Perseverança 22/1
Persistência 23/1
Pertencer 12/5
Planejamento 24/3
Poço interior 27/5
Poda 20/12
Ponderação 26/4
Posses 9/11
Potes 28/7
Prática 21/10
Preconceito 12/7
Preocupações 16/11
Presença 18/9

Presentes 4/7
Prevenção ajuda? 10/8
Prioridade 12/10
Privacidade 3/8
Problemas 30/10
Provas 4/11
Prudência 20/5

Q
Quem sou? 1/1

R
Rebeldia 26/12
Reciprocidade 24/7
Reconciliação 14/8
Reconhecimento 15/4
Recursos 8/9
Relaxamento 29/5
Renovação 16/8
Renovar-se 13/8
Repartir 6/10
Resistência 29/1
Responsabilidade 20/1
Responsáveis 8/10

Reverência 10/7
Rezar 23/5
Ricochete 10/10
Riqueza e poder 5/6
Rir das limitações 4/4

S

Saber com sabor 15/7
Saber o porquê 6/1
Saco sem fundo 29/6
Sacrifício 5/9
Sal da alma 21/11
Santidade 24/9
Santos 12/3
Santuário 21/9
Saudade 6/3
Saúde e liberdade ... 15/12
Saúde emocional 31/8
Sem ambições 23/8
Sem discriminar 31/10
Sem preconceitos 17/1
Semeador 28/10
Semear 26/6
Sensatez 7/5

Sensibilidade 22/8
Sentir raiva 25/5
Sentir-se mãe 16/1
Sentir-se pai 15/1
Ser bom 14/6
Ser dignos 19/11
Ser feliz 18/10
Ser sujeito 22/9
Serviço 13/4
Silêncio 13/1
Silêncio é ouro 2/7
Simplicidade 28/1
Sinceridade 25/3
Só o bem 10/6
Sobriedade 4/5
Sofrimento 17/3
Solidão fecunda 12/1
Solidariedade 17/2
Soluções 24/11
Sonhos 23/6
Sucesso 2/11
Superar-se 20/3

T

Têmenos 3/4
Temor de Deus 21/3
Têmpera 30/1
Temperança 6/6
Tempo e distância ... 11/6
Tempos 24/6
Tentativas 7/7
Ter ídolos? 28/9
Ter ou ser? 5/7
Terapeuta 16/10
Terceira idade 25/4
Ternura 1/5
Tolerância 19/1
Trabalho 7/8
Transformação 10/4
Trânsito 8/8
Transparência 16/2
Travessia 5/1
Treinamento 14/2

U

Um minuto
   para você 14/1
União 30/5

V

Vacine-se 28/11
Vencedor 19/7
Vencer 8/12
Vencer o medo 28/8
Veracidade 23/9
Verdade 23/2
Vigilância 15/10
Violetas 17/12
Virtude 29/11
Vitória 31/7
Viver 15/8

Z

Zelo 15/5

Rua Dona Inácia Uchoa, 62
04110-020 – São Paulo – SP (Brasil)
Tel.: (11) 2125-3500
http://www.paulinas.com.br – editora@paulinas.com.br
Telemarketing e SAC: 0800-7010081